9.90   24.80

Waldgeister und Holzfäller

des Waldes als Quelle des Wohlbefindens erkannte man, dass man daran war, ihn zu verlieren. Ein fürchterlicher Raubbau setzte ein, der erst gegen Ende des letzten Jahrhunderts eingedämmt werden konnte. Mahner und Pioniere standen auf, um zu sagen, dass man den Wald vor dem Menschen zu retten habe. Und erstaunlich ist es, dass die grossen Künder der Natur nicht nur fragten: „Wie rette ich den Wald vor dem Menschen?", sondern ebenso eindrücklich: „Wie rette ich den Menschen durch den Wald? Wie rette ich den Menschen vor sich selber und seiner rastlosen Suche nach dem wirklichen oder vermeintlichen Glück?" Eine ganz unromantische Waldgesinnung brach sich Bahn. Jeder Wald, ja jeder Baum sollte geschützt werden. Wir haben nicht mehr viel Zeit zu verlieren; lange genug wurde gefrevelt — so heisst die Parole. Und die Sage? Welches ist ihre Stimme, welches ihr Weg? Wie sieht ihre Waldgesinnung aus? Die Antwort auf diese Fragen wird nicht ohne Bedeutung sein, vertreten doch die Sagenerzähler weitgehend das Volk. Die Waldgesinnung der Sage ist die Waldgesinnung des Volkes.

nicht. Der Wald bildet nicht Teil der Welt. Sobald der Held den Wald betritt, verliert er das Gefühl von Geborgenheit und Sicherheit. Im Gegensatz zur Sage spricht das Märchen auch nicht von einem ganz bestimmten Wald, sondern vom Wald schlechthin. Der Mensch, der den Wald betritt, löst sich aus der Gemeinschaft. Das bedeutete für den mittelalterlichen, noch ganz mit der Gemeinschaft verwachsenen Menschen gleichzeitig auch ein Herausgerissenwerden aus dem gesicherten Dasein.

Diese ältere Walddarstellung nimmt im 18. Jahrhundert neue Züge an. Damals prägten Dichter wie Haller und Rousseau ein neues Naturideal. Es führte zur Entdeckung der Schönheit der Natur, der Alpen und insbesondere auch des Waldes. In der schönen Literatur erhielt der Wald fortan eine neue und eine so wichtige Stellung, wie er sie im höfisch-ritterlichen Roman des Mittelalters oder auch im Märchen nicht besessen hatte. „Das einstige Bild des unheimlichen Waldes verblasst. Einsamkeit und Stille werden als Wohltat empfunden, und das andächtige Versunkensein in die Waldnatur wird zum romantischen Erlebnis" (H. Leibundgut). Kurze Zeit aber nach der Entdeckung

Vorwort

Es wäre ein reizvolles, aber auch anspruchvolles Unterfangen, dem Walderlebnis und der Waldgesinnung des Menschen im Laufe der Jahrhunderte nachzugehen. Unser Ziel ist bescheidener: Wir möchten das Waldbild der schweizerischen Sagen darstellen. Dabei wollen wir uns bewusst bleiben, dass die Sagenerzähler das Thema Wald nicht als erste aufgegriffen haben. Sie nehmen ihrerseits wenigstens zum Teil alte Traditionen auf. Schon die antike Literatur liefert Beispiele für Walddarstellungen. Da gab es den lichten Hain, der als Mischwald in der mittellateinischen Poesie seinen Platz hatte; da gibt es aber auch Schilderungen des wilden Waldes, wie wir sie etwa bei Vergil finden. Bei ihm wie bei anderen Dichtern wird der Wald meist als etwas Unheimliches empfunden. Man spricht von ihm mit einem Gefühl der Scheu oder des Schauerns. Demgegenüber ist bereits im mittelalterlichen höfischen Roman kein numinoses Grauen mehr zu spüren. Wieder anders sieht der Wald des Märchens aus. In ihm begegnet der Held dem Wunderbaren, das plötzlich in sein Leben hereinbricht. Der Wald des mittelalterlichen Märchens ist eine fremde Zauberwelt im Wald. Es ist dies durchaus verständlich, war doch der Wald damals weitgehend noch kulturfremdes Gebiet, unbezwungene Natur. Das Erlebnis des Waldes flösste den Menschen Furcht, vielleicht auch Verehrung ein. Dieses Erlebnis findet seinen Eindruck in Mythen, in Religionen, Kult und Magie. Vor allem das Märchen mit seinen Überresten alter mythischer Vorstellungen hat viel von dieser alten und ursprünglichen Einstellung zum Wald bewahrt. Es kennt – ganz im Gegensatz zur Sage – den Begriff des heimatlich vertrauten, eng umgrenzten Bodens

Copyright 1980
Artemis Verlag Zürich und München
Printed in Switzerland
ISBN 3 7608 0524 8

Albert Hauser

Waldgeister und Holzfäller

Der Wald in der schweizerischen Volkssage

Artemis Verlag Zürich

I

Zur Bedeutung der Sage

Die Sage als Quelle

Dass die Sagen zu den unentbehrlichen Quellen der Volkskunde und Literaturgeschichte gehören, darüber hinaus selber Zeugnis der Volkspoesie sind, ist bekannt. Dass sie für den Wald und seine Geschichte von einzigartiger Bedeutung sind, erscheint dagegen erstaunlich, ja unverständlich. Da ist doch zu viel Aberglauben, zu viel Phantasie und zu wenig Realität vorhanden! Was will man mit all diesen Waldgeistern, Riesen, Erdmännchen, verhexten und heiligen Bäumen? Das alles sind doch eher Erscheinungen und Gestalten für die Volkskunde, für die Erforscher der Sagen- und Märchenliteratur. Nun bestehen aber erstens die Sagen durchaus nicht nur aus Erzählungen numinosen Inhalts; diese bilden lediglich eine — zwar nicht unwesentliche — Gruppe. Zum zweiten: Selbstverständlich geben uns die Sagen keinen Aufschluss über die Entwicklung des Forstes, über die Ausdehnung. Besitzverhältnisse und Nutzungsarten des Waldes. Dafür aber vermitteln sie ein Bild von der Einstellung, den Vorstellungen und der Waldgesinnung unserer Vorfahren, wie wir es in anderen Quellen vergeblich suchen. In ihnen offenbart sich Wissen und Aberwissen, Glauben und Unglauben unserer Ahnen. Aus Dutzenden, ja Hunderten von erzählten Erscheinungen, aus unzähligen Schilderungen von Alltags- und Sonntagsleben, von wirklichen oder auch nur geglaubten Geschehnissen ersteht vor uns die Realität volkstümlichen Denkens, ein von ganz bestimmten religiösen und ethischen Vorstellungen geprägtes Weltbild des Volkes. Wir haben es nicht allein mit Phantasie und Träumen zu tun, sondern mit einem ganz praktischen und handfesten Denken. Sowohl die Phantasie wie die Vorstellungen stehen nicht ausserhalb des praktischen Lebens, sie beeinflussen es vielmehr, wie wir noch sehen werden, nachhaltig. Das Handeln und Ausführen ist nicht ohne das Denken möglich. Auf den Wald übertragen: So wie das Volk über den Wald denkt, so behandelt es ihn. Aus der Waldgesinnung kann auf die Waldbehandlung geschlossen werden. Allein aus diesem Grund haben wir die Volkssagen als gültige Zeugnisse volkstümlicher Denkart ernstzunehmen. Die Zeit, in der man sich hochmütig und aufgeklärt-gebildet über die Sagen stellte und sie belächelte als Zeugnisse einer vorwissenschaftlichen Ära, ist hoffentlich für immer vorbei. Je länger, je mehr wir über die Sagen nachdenken, umso mehr sehen wir, dass sie zu den grossen Kulturgütern gehören, und wir bemerken nach ihrer Lektüre, dass alle diese „Altweibergeschichten" von höchster Aktualität sind. Wir sehen plötzlich, dass es im Grunde genommen „immer noch die gleichen Probleme sind, die auch uns auf den Nägeln brennen"[1].

Nun können wir uns nicht mit der ganzen Sagenproblematik befassen. Dazu fehlt uns auch die Kompetenz. Unsere Aufgabe ist eine andere und ganz besondere: Wir wollen die Spiegelung des Waldes in der Sage betrachten. Auf die strukturalistischen und terminologischen Fragen können und wollen wir nicht eintreten. Hingegen werden wir Erzählweise, Methode und Motiv der Sagenerzähler darstellen und vor allem sowohl die Sagenerzähler wie die Sagensammler etwas näher betrachten müssen. Dabei sind wir auf die wichtigen Arbeiten der Sagenforscher angewiesen. Ihnen allen, voran Prof. Max Lüthi, sei an dieser Stelle für wertvolle Hinweise gedankt.

Die Sagenerzähler

Nicht weil es heute Mode geworden ist, alles durch die soziologische Brille zu betrachten, sondern weil Herkunft und berufliche Tätigkeit der Sagenerzähler von grosser Bedeutung sind, werden wir uns auch gesellschaftlichen und soziologischen Aspekten zuwenden. Zunächst wird zu untersuchen sein, wer die Erzähler dieser Sagen waren und was sie wollten. Ein Blick in die schweizerischen Sagensammlungen zeigt, dass sie den verschiedensten Sozialschichten entstammen. So gehörten etwa zu den Gewährsleuten, die Alois Senti das Material für seine Sarganser Sagen lieferten, Landwirte, Alphirten, Lokomotivführer, Gelegenheitsarbeiter, Bahnangestellte, Hausfrauen, Schuhmacher, eine Blumenbinderin, Lehrer, Posthalter, Fuhrhalter, Rangierarbeiter, Maurer, Werkmeister, Gärtner und Bauarbeiter[2]. Auch die Gewährspersonen des Sagensammlers Arnold Büchli entstammten allen Ständen und Berufen: „der Landammann wie der Geissbub, der Altknecht wie der ‚Spengler‘ und Schirmflicker, der Beamte wie der Handwerker, der Lehrer und der Kantonsschulprofessor wie der Jurist und der Geistliche, der Geschäftsmann und der Gastwirt wie der Taglöhner, die Bäuerin wie die Hausiererin, die habliche Stadtfrau wie die Wäscherin, und alle Generationen vom 90jährigen Ähni bis hinunter zum Hirtenbüblein"[3]. Wir halten ausdrücklich fest, dass zu den Sagenerzählern hin und wieder auch ein Förster gehört hat. Aber die Förster gehören ebensowenig wie die Waldarbeiter zu den Hauptlieferanten der Sagensammlungen. Werner Schmitter, der Ende der vierziger Jahre längere Zeit die Waldarbeiter im Prättigau beobachtet und untersucht hat[4], fand unter „seinen" Waldarbeitern überhaupt keine Sagenerzähler. Dennoch gab es im Prättigau Sagen, die „holz- und waldträchtig" sind, das heisst, sich mit dem Wald und seiner Geschichte befassen. Es hängt dies nicht allein mit den für das gesamte Volk von jeher wichtigen Fragen der Holznutzung — also ökonomischen Fragen —, sondern auch mit der historischen und kulturellen Bedeutung des Waldes zusammen. Bauernwirtschaft und Waldwirtschaft gehörten zusammen. Waldarbeit gehörte zu den Aufgaben des Bauern, und es wäre ja kaum verständlich gewesen, hätte das in den Sagen keinen Widerhall gefunden. Denn die Sagenerzähler besassen einen breiten Horizont. Der Sagensammler und Forscher Senti attestiert ihnen ausserdem ein gutes Beobachtungsvermögen: „Ihrer bescheidenen Ausbildung ungeachtet, waren es grossenteils begabte Männer und Frauen, die schon in den Schuljahren durch ihr gutes Gedächtnis und ihre Beobachtungsgabe aufgefallen sind"[5]. Die meisten Erzähler erinnerten sich immer wieder, von wem sie Berichte gehört hatten. Manche verfügten über ein „ausgeprägtes Unterscheidungsvermögen zwischen dem Geheimnisvollen und dem möglicherweise nur Erdachten und Hinzugefügten". Ihr Interesse galt insbesondere auch der Geschichte. So kannte sich, wie Senti berichtet, „ein Bergbauer in Flums in der Zeit Karls des Grossen aus. Ein zweiter beklagte sich über die Verschleppung der Grenzstreitigkeiten durch die Eidgenössische Tagsatzung. In Wangs und Weisstannen erzählte man in allen Einzelheiten aus der Franzosenzeit, und ein Sarganser Rebbauer erklärte die Gesteinsschichtungen des Gonzen, während ein Bauer in der Schwendi, dem Beispiel der ‚Veneidiger' folgend, nach Edelmetall pendelte. Bescheidene, ja unscheinbare Mitbürger erwiesen sich unversehens als Menschen, die sich in aller Stille um religiöse, historische, rechtliche und naturwissenschaftliche Zusammenhänge interessieren." Es ist erstaunlich, dass diese Leute, oft von harten Schicksalsschlägen getroffen, oft schwer um das tägliche Brot ringend, die Kraft und innere, schöpferische Ruhe fanden, um das Überlieferungsgut an Sagen,

Liedern, Geschichten, Rätseln und alten Bauernregeln zu hüten und zu verarbeiten. „Im Winter durch Schneemassen, Stürme und vereiste Wege, im Sommer durch drängendes Werken von den Nachbarn abgeschnitten, fanden sie doch Musse zum ‚Fabulieren', hatten sie noch Ideen und Gestaltungslust, ihre bäuerlich-tüchtige Lebensansicht in packende Kurzgeschichten zu kleiden. Ohne Schulweg, ohne andre als die überkommenen Vorbilder verstanden sie es, in ‚Gleichnissen', wie sie schon der Alte Orient geliebt, ihre Gedanken über Dasein und Jenseits, ihre Auffassung von Gut und Böse, Recht oder Unrecht im menschlichen Tun und Lassen zu einleuchtender Anschauung zu bringen". Büchlis Gewährsleute waren zum Teil reformiert, zum Teil katholisch. Aber gleichgültig, welcher Konfession sie angehörten, sie waren ihrem Glauben und ihrer Kirche zutiefst verpflichtet. „Mit tiefem Ernst", versuchten sie, so sagt Arnold Büchli, die christliche Lehre auf ihre Verhältnisse anzuwenden, „um sie auch den Zuhörern einzuprägen"[6]. Nach Alois Senti besteht — er spricht vom Sarganserland — zwischen Sagen und religiösen Anschauungen und katholischem Glauben ein enges Verhältnis. Das Sagengut erscheint im wesentlichen „als Bestandteil des übernommenen Glaubensgutes und lässt erkennen, wie unsere

Vorfahren schwer verständliche Erfahrungen zu deuten und zu erklären versuchten ... Wo der Glauben verflacht und langsam erlischt, versiegen auch die Sagen. Was bleibt, sind Schwundformen, die sich dem Schwank nähern, und den Erzählern gerade noch gut genug sind, um sich auf Kosten jener, die daran glauben, lustig zu machen"[7].

Im allgemeinen aber erwarten die Sagenerzähler, dass man ihre Berichte ernst nimmt: „Sie sind ihnen Wirklichkeit. Es wäre nicht redlich, an ihren Schilderungen, die für wahr gehalten werden, zu zweifeln." Die Erzähler gestehen ein, dass Angst und Einsamkeit gern die Tür zu numinosen und übernatürlichen Erscheinungen öffnen. Unerklärliches muss ja natürlich nicht unbedingt unwahr sein. Dennoch sollte man das Ringen um die wirkliche Erkenntnis ernst nehmen[8]. Die Sagenerzähler wissen genau, dass man manchen Vorkommnissen, die sie erzählen, mit der Vernunft allein nicht beikommen kann. „Wenn die Vernunft ausreichen würde, wäre es mit dem Glauben nicht weit her." Fest steht jedenfalls, dass die Sagen und Erzählungen zu einem schönen Teil mit den Glaubensvorstellungen der Kirche zusammenhängen. „Man hält sie für wahr oder doch möglich, und zeigt sich überrascht darüber, dass der eine oder andere mit Namen und Örtlichkeit einwandfrei belegte Vorfall auch in der Nachbargemeinde erzählt wird. Die Gewährsleute wären wohl noch erstaunter, hören zu müssen, wie alt und weitverbreitet einzelne Motive sind"[9].

Die Sagensammler

Wie überall, so standen auch die ersten schweizerischen
Sagensammlungen im Banne der Brüder Grimm und der
mythologischen Schulen des 19. Jahrhunderts[10]. Das gilt
besonders für die Sammlung von Ernst Ludwig Rochholz,
den Sammler der Aargauer Sagen, aber auch für die Sagensammlung von Alois Lütolf und J. Kuoni. Doch im 20.
Jahrhundert haben unsere Sammler grossartige Leistungen
vollbracht. Wie der deutsche Sagenforscher Lutz Röhrich
bemerkt, gibt es in der Schweiz ,,offensichtlich noch bis in
unsere Tage hinein den nebenberuflichen Feldforscher, den
Lehrer oder Pfarrer, der seine gesamte Freizeit, Ferienwo-
chen und Feierabende mit Erhebungen heimatlicher Überlieferungen verbringt".

Noch vor dem ersten Weltkrieg erschienen die Sagen des
Nidwalder Juristen Franz Niderberger. Die ,,Sagen, Märchen und Gebräuche aus Unterwalden", wie der ursprüng-
liche Titel lautete, sind das Werk eines Liebhabers. Noch
ist damals auf Quellenangaben verzichtet worden. Niderberger hat die Erzählungen teils selber mündlich gehört,
teils von Gewährsleuten erhalten, teils hat er sie auch aus
Chroniken, Kalendern und schon publizierten Sagen-
büchern geschöpft. Wir kennen also leider — im Gegensatz zu den neueren Sagensammlungen — Niderbergers
Gewährsleute nicht, hingegen finden wir bei ihm nicht nur
Sagentexte, sondern auch den Widerhall der Ortssagen in den
Versen lokaler Poeten. Sowohl in diesen Gedichten wie in
den Sagen selber wird, wie das Max Lüthi in seinem Vorwort zum 1978 erschienenen Nachdruck der alten Ausgabe
vermerkt, ,,in unvergesslichen Bildern, verfremdend zwar,
aber eben deshalb besonders eindrücklich und für jeden

spürbar, Leiden und Hoffen, Angst und mutiges Handeln, Zaudern und entschlossenes Entscheiden vor uns, Grundphänomene des menschlichen Lebens überhaupt"[11].

Ganz anderer Art als Niderbergers Werk ist die Sagensammlung von Arnold Büchli. In jahrzehntelanger, systematischer Sammelarbeit ist er von Dorf zu Dorf und von Alp zu Alp gezogen. Büchli wollte dartun, „wie Urväterglaube, gebunden an christliches Gedankengut und gegenwärtige Zuständlichkeit, sich ins Heute herübergerettet hat"[12].

Seine Mythologische Landeskunde von Graubünden ist entgegen dem irreführenden Titel weit von mythologischen Schulen des 19. Jahrhunderts entfernt. Mit Recht bemerkt Richard Weiss: „Das Ausserordentliche an Büchlis Buch besteht in dem entscheidenden Schritt, der auf dem Weg vom ‚Sagenherbarium' zum landschaftlichen Lebensbild der Sage getan wurde"[13].

Eine wundervolle und reichhaltige Sammlung eines geographisch verhältnismässig kleinen Gebietes bieten Josef Müllers Sagen aus Uri. Ist Büchli von einer Talschaft in die andere gewandert, so hat Josef Müller, der 25 Jahre lang als Spitalpfarrer in Altdorf tätig war, aufgezeichnet, was ihm sozusagen ins Haus getragen wurde[14]. Leider sind wir bei Müller meist im ungewissen — so hat schon Robert Wildhaber im Vorwort zum 3. Band geschrieben —, wie alt die Sagenerzähler gewesen sind. Auch über Herkunft, Bildung und Beruf der Gewährsleute wissen wir nichts. Dennoch: Es handelt sich nach dem Urteil eines Kenners „wohl um die wichtigste und inhaltsreichste Sammlung von Volkserzählungen aus dem alemannischen Raum, und um eine der bedeutendsten Sagensammlungen überhaupt"[15].

Grossartig sind sodann Melchior Sooders Sagensammlungen, vor allem die „Zelleni us dem Haslital". Sooder (1885–1955) war ein gebürtiger Älplerbub aus Brienzwiler. Später war er Lehrer von Rohrbach bei Huttwil und entwickelte sich zum Feldforscher mit reichen Erfahrungen. Seine Berichte sind authentisch in der Mundart aufgezeichnet. Sooder erwähnt seine Gewährsleute. Leider entsprechen seine Kommentare der Qualität der Sammlung nicht ganz.

Im Gegensatz zu Büchli oder Sooder basieren die Zürcher Sagen K. W. Glättlis nicht auf Feldforschung. Sie enthalten durchwegs Material aus zweiter Hand. Die Sammlung ist indessen gut gegliedert und durch ein Register erschlossen. Vielleicht hat sie für Sagenforscher nicht das gehalten, was man sich von ihr versprach. Für unsere Zwecke und Ziele ist sie jedenfalls gut brauchbar[16]. Das gleiche gilt für die Glarner Sagen, die Kaspar Freuler und Hans Thürer sammelten[17]. Eine wahrhaftig grossartige Sagensammlung hat Alois Senti im Sarganserland zusammengetragen. Dieser Forscher befragte systematisch die Leute und ging von einer Gemeinde zur anderen. Seine Sammlung erfüllt den Anspruch der Authentizität. Büchlis Vorbild folgend, hat Senti jedem Abschnitt eine Art Ortsportrait vorangestellt und jeweils eine kurze Einführung in die historische und ökonomische Entwicklung der Landschaft und Gemeinde geboten. Aus dem Nebeneinander der Aussagen aus allen Dörfern und Weilern des Sarganserlandes entstand nach Sentis eigenen Worten „so etwas wie ein grosses Bild der Vorstellungswelt unserer Vorfahren. Man beginnt zu ahnen, wie sie erzählten, was sie vom Wirken des Guten und des Bösen hielten, was sie über das Leben in dieser und in der anderen Welt dachten, und wie man sich zu verhalten hat, ‚winns nümä mit rächtä Dinge zue und här gout'".

Ähnlich wie Senti hat die Solothurnerin Elisabeth Pfluger die Leute aufgespürt, die ihr, von bekannten Pfarrern oder Lehrern empfohlen, noch altes Volksgut vermitteln konnten. Sie besuchte die 132 Dörfer des Kantons Solothurn mit wechselndem Erfolg. Alle Erzählungen wurden im Wortlaut schriftlich aufgenommen. Die Erzähler sind in einem Verzeichnis aufgeführt[18]. Welch grossen Anklang die schöne Sammlung fand, zeigt die Nachfrage. Bereits erschien eine zweite Auflage.

Im Jahre 1976 erschienen die Baselbieter Sagen. Sie wurden von Paul Suter und Eduard Strübin, zwei bekannten

Volkskundlern, herausgegeben[19]. Den Grundstock der Sammlung bildet das in der Kantonsbibliothek aufbewahrte handschriftliche Material einer Sammlung aus den dreissiger Jahren. Die Sammler und Herausgeber wählten das Ortsprinzip. In die vier Bezirke des Kantons Baselland zusammengefasst, erscheinen die Gemeinden in alphabetischer Reihenfolge. Den Anfang machen Berichte, in denen das „Übersinnliche" vorherrscht: die Gruppe Zwerge und Riesen, der Tod und die Toten, Geistererscheinungen, Hexen und Schadenzauber. Dann folgen sagenhafte sowie naturwissenschaftliche und historische Nachrichten, Ursprungssagen und Naturerscheinungen, Erklärung von Orts- und Flurnamen. Der Begriff Volkssage wurde, wie man daraus ersieht, recht extensiv ausgelegt. Die Sammlung ist gerade deshalb auch für unseren Zweck von Bedeutung.

Das gleiche gilt für die „Volkserzählungen aus dem Oberwallis", die Josef Guntern 1978 herausgegeben hat[20]. Dieser Sammler vom Format Büchlis und Sentis erwanderte

alle 90 Gemeinden des Oberwallis und hielt auf Tonband und mit der Feder fest, was an Sagen, Legenden und Märchen noch lebendig und fassbar war. Seine Sammlung enthält indessen auch Erzählungen aus früheren Ausgaben, aus Chroniken und Kalendern. Alle Forderungen der ,,Sagenbiologie" sind berücksichtigt. Für jede Gewährsperson wurden Namen, Alter, Heimatort, Lebenslauf, Eigenart und Stellung in der Gemeinde notiert. Jeder neue Motivabschnitt wird mit ,,sagenbiologischen" Bemerkungen eingeleitet. Das Werk ist durch ein Register erschlossen. Im Zusammenhang mit den Walliser Sagen ist Paul Zinslis Werk ,,Walser Volkstum" zu nennen. Zinsli hat ethnisch-stammesmässige Besonderheiten im Sagenschatz einzelner Landschaften aufgespürt[21].

Im Jahre 1979 erschien die zwischen 1969 und 1977 entstandene Sammlung der epischen Volksüberlieferung von Bosco Gurin. Sie stammt von Emily Gerstner-Hirzel und enthält Sagen und andere Erzählungen. ,,Die Bögen spannen sich", wie die Herausgeberin schreibt, ,,von der Legende zum Schwank, vom Mythenähnlichen zum Realistischen, vom Altererbten zum Selbsterlebten, vom allgemein Bekannten zur Rarität. Einiges wurde offensichtlich aus dem Kalender oder Lesebuch in die mündliche Tradition aufgenommen, anderes anscheinend durch die beiden Guriner Bücher wieder neu in Erinnerung gerufen. Was die Form angeht, lassen sich drei Hauptrichtungen unterscheiden: eine karg-verhaltene, unpersönliche neben einer mitteilsameren — manchmal ausgesprochen virtuosen —, individuell geprägten Erzählweise und dazu in eigenen Niederschriften der Gewährsleute ein der Mundartdichtung verpflichteter Stil"[22].

Die Sagenformen

Um die Sage richtig deuten und interpretieren zu können, bedarf es einer kurzen Charakteristik dieser alten Erzählform selber. Auf die Entwicklungsgeschichte kann nicht eingetreten werden. Diese Aufgabe bleibt den Sagenforschern vorbehalten. Hingegen müssen wir uns mit der motivischen Ausprägung, dem Gehalt und der Erzählweise der Volkssage vertraut machen. Der Sage kann sowohl eine subjektive Wahrnehmung — man denke etwa an die Angstvision eines nächtlichen Wanderers im Wald —, als auch ein objektives Geschehen zugrunde liegen. Zu solchen Wahrnehmungen können eine seltsame Naturerscheinung, eine Grenzsteinversetzung oder ein Mordfall gehören. Die Sage kann aber auch auf einer Objektivation basieren, ,,auf eine gegenständliche Realität zurückgehen, welche eine Erklärung geradezu herausfordert: eine Ruine etwa, eine seltsame Felsbildung, ganz entsprechend aber auch ein Name, eine Redensart, ein Brauchrequisit''[23]. Indem solche Dinge erfasst, gedeutet und erzählt werden, entstehen und werden Sagen. Der Sagenforscher Johann Volkers stellte die explikative Tendenz als ,,den wichtigsten Faktor der Sage'' heraus. Tatsächlich ist aber dieses Element nur eines von vielen. Man kann es als Erklärungsprinzip in verschiedenen Sagen immer wieder erkennen, und man spricht in diesem Fall von aitiologischen, von erklärenden Sagen. Dazu kommen die historischen Sagen, die auf bestimmten Ereignissen fussen und diese zu deuten suchen. Die geschichtliche Sage gibt weniger die wirkliche Geschichte wieder. Man erzählt, ,,dies und jenes sei geschehen, weil man überzeugt ist, dies müsse so geschehen sein''.

Solche Sagen sind aber für unser Thema von Bedeutung. Sie registrieren nicht die geschichtlichen Auseinandersetzungen, sondern deren Wirkungen im Dorf, in der Familie; und eben darin liegt ihre ganz bestimmte Wahrheit. In diesen historischen Sagen hat der furchtbare Herrscher, der böse Bauer, der ungerechte Richter seinen Platz. Das Bild des grausamen Herrn ist zugleich auch eine Übergangsstelle von der historischen zur dämonischen, zur dritten Gruppe unserer Sagen. Der Überblick über die einzelnen Sagengruppen lässt sich nach H. Bausinger[24] folgendermassen schematisieren:

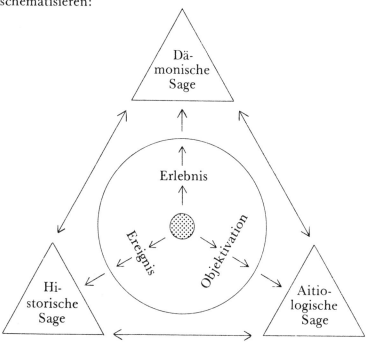

Die dämonischen Sagen entspringen einer ganz besonderen Bewusstseinslage. Sie stehen insofern auch auf einer Ebene mit den zahlreichen Berichten um Hexen und Zauberer. Man kann sie magische Sagen nennen und ihnen auch die mannigfachen Erscheinungen der Toten zugliedern. Solche dämonischen oder magischen Sagen sind recht zahlreich. Immer wieder finden wir Sagen von Gespenstern ohne Kopf oder mit umgedrehtem Hals, feurigen Bäumen, dreibeinigen Hasen, Nixen mit Entenfüssen, lebendig werdenden, unförmig aufschwellenden Puppen. Wer Sagen erzählt und sich erzählen lässt, liefert sich der Angst aus. Die Sage liebt das Gruselige, aber sie bietet auch Halt — schon durch ihre Zustimmung zur Feststellung und Deutung. Doch, wie der Sagen- und Märchenforscher Max Lüthi festgehalten hat, macht sie, indem sie Unvertrautes, Unheimliches mit hineinwebt, unsere Landschaft auch zur Heimat. Denn das Unheimliche gehört ja zu dieser Landschaft. Wir sind da zuhause, wo die Gräber unserer Toten liegen. „Was wären die Gletscher ohne die ‚armen Seelen', der Wald ohne Feen und Wildleute, die Seen und Flüsse ohne Nixen und Wassermänner, die Alpen ohne Sennensagen, das Gebirge ohne den Herrn der Tiere"[25].

Wie die Sagenforschung gezeigt hat[26], bieten die magischen oder dämonischen Sagen Anweisungen für den richtigen Umgang mit den dämonischen Mächten. Gotthilf Isler weist ihnen eine religiöse und auch erzieherische Funktion zu. Man kann sie, wie es Max Lüthi getan hat, auch Warn- oder Leitbildsagen nennen[27]. Dass in allen Gegenden — zum Teil unabhängig voneinander und zum Teil gestützt auf Wandergut — immer wieder die gleichen Erscheinungsformen auftreten, hat Isler auf den Jung'schen Archetypus zurückgeführt. Dieser Begriff und die zugrunde liegende Tatsache, nämlich, dass die menschliche Phantasie nicht grenzenlos und chaotisch, sondern in einem gewissen Sinne auf das bestimmteste strukturiert ist, hat sowohl die volkskundliche wie auch geschichtliche Forschung schon beschäftigt und auch zu mannigfachen Kontroversen geführt. Bedeutende Gelehrte aller Schattierungen — ich nenne hier nur etwa Karl Schmid — haben indessen den von Jung geprägten Begriff längst in ihren Disziplinen eingeführt. Nach Jung ist der Archetypus „ein an sich leeres, formales Element, das nichts anderes ist als eine ‚facultas praeformandi', eine a priori gegebene Möglichkeit der Vorstellungsform.

Vererbt werden nicht die Vorstellungen, sondern die Formen, welche in dieser Hinsicht genau den ebenfalls formal bestimmten Instinkten entsprechen"[28]. Vor allem an diese Archetypen oder an die Symbole müssen wir denken, wenn wir in den Sagen auf übersinnliche Erscheinungen und Gestalten stossen. Die Sagen mit rationaler Kritik zu verwerfen, führt nicht weiter, ja erweist sich bald einmal als sinnlos. „Das symbolische Verständnis ist für uns die einzige Möglichkeit, diesen ‚alten' Geschichten gerecht zu werden und ihre Wahrheiten zu bewahren"[29].

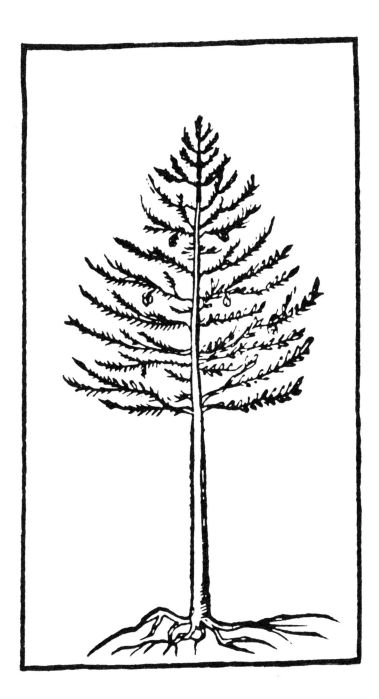

II

Die Spiegelungen des Waldes in der Sage

Werden und Vergehen des Waldes

Über die Genesis des Waldes haben sich unsere Vorfahren offenbar wenig Gedanken gemacht. Eine Ausnahme bildet eine Sage aus der Region des Vierwaldstättersees: „Vor vielen Jahren übernachteten da, wo es jetzt ‚Kestenbaum' heisst, zwei Italiener. Als sie am Morgen weggingen, übergaben sie dem Gastgeber zum Danke zwei Kastanien, sagend, dass er selber setzen solle. Er tat's und sah zu seiner grössten Freude bald zwei üppige Bäume heranwachsen, die er sorgfältig pflegte, bis sie ihm Früchte trugen, die er sehr schmackhaft fand. Indem er wieder neuerdings Kastanien setzte, hatte er noch bei Lebzeiten einen Wald von fruchtbaren, kräftigen Kastanienbäumen. Von da haben sich die Kastanienbäume dann auch weiterverbreitet"[30]. Dramatischer als diese hübsche und auch glaubhafte Sage sind jene Erzählungen, die sich mit dem Untergang der Wälder befassen. Diese Sagen könnten unter dem Stichwort „Das goldene Zeitalter" zusammengefasst werden. Ein Walliser schildert das einstige Aussehen der Region von Zermatt: „Keine rauhe Gletscherluft wehte durch das Tal, und die goldenen Früchte des Südens reiften hier in Menge. Das Dörflein Zmutt stand im Schatten reicher Obst- und besonders Nuss- und Kastanienbäume. Weiter hinten im Tale lag das Dorf Tiefenmatten. Jetzt liegt darüber ein gewaltiger Gletscher: der Tiefenmattengletscher ... Das Tal des Gornergletschers und die Gegend um den Monte Rosa herum war in jener märchenhaften Zeit ganz mit reichen Waldungen bewachsen. Gemsen und Steinböcke waren oft darin in ganzen Herden anzutreffen. Die Saumpferde, die von Augsttal kamen, verliefen sich in jenen Waldungen, so dass die Säumer sie oft stundenlang nicht mehr zurückfanden. In Findeln reifte der köstlichste Wein. Auch Nussbäume standen in jenem Tal. Man wollte in Findeln noch vor fünfzig Jahren eine Tischplatte zeigen, welche angeblich von einem dortigen Nussbaum stammte"[31]. Eine ähnliche Sage stammt aus dem Nanztal, das einst ganz bewohnt gewesen sei: „Als Beweis erzählten die Alten, im Obern Faulmoos habe sich einst ein Brautpaar gegenseitig 21 Fischel Matte samt Obstbäumen zum Ehekontrakt gegeben"[32]. Diesen Berichten entspricht eine Sage aus dem Berner Oberland: Das Ällgäu (Habkern) „war vor Zeiten so fruchtbar, dass man dreimal des Tages die Kühe melken musste. Besonders das Lungenkraut (isländisches Moos) gibt viel Milch. Einst aber verfluchte ein Mädchen, das mittags vom Tanzboden wegmusste, um die Kühe zu melken, dieses milchhaltige Futterkraut. Sofort war aus dem Kraut alle Milch verschwunden, und an ihre Stelle traten schwarze Pünktlein, welche noch jetzt sichtbar sind. Die Alpen nahmen seither bedeutend an Fruchtbarkeit ab, so dass man jetzt die Kühe nur noch zweimal täglich melken kann"[33]. Dieses Motiv wird so oft dargestellt und abgewandelt, dass man von einem eigenen Typus sprechen kann: es sind die Blüemlisalp- oder Klaridensagen. Sie alle erzählen von einstmals fruchtbaren Alpen, auf denen die Milch in Strömen floss und die Arbeit gering war. Aber Überfluss und Müssiggang zeugten Hochmut und frevelhaften Übermut. Die Sennen „bauten zusammen, bei Gott! aus köstlichem Käse und Anken eine Brücke über den See, spotteten Gottes und seines Segens, tanzten und haselierten Tag und Nacht. Jetzt war aber das Mass des Übermuts voll und die Geduld Gottes erschöpft. Es brach ein Ungewitter los über die Alp, von allen Seiten tosten die Bäche daher und fegten alles, Vieh und Menschen, Rasen und Hütten in den See, die Winde türmten seine brausenden Fluten auf und trieben sie unter Krachen und Pfeifen der einzigen offenen Seite der Alp und über die Felsen hinunter in das Tal, wo sie das schöne Gelände am Evibach verheerten und auf viele Jahre verwüsteten". So erzählte Tobias Lussmann aus Silenen[34].

Eine Urner Erzählerin hat die Sage variiert: Auf der urnerischen Blüemlisalp, einem muldenförmigen, mit Schnee und Eis erfüllten Tale auf dem Urirotstock, gab es einst eine schöne Alp. Der Senn aber, hartherzig und verschwenderisch, taufte „seine schönste, nämlich die Treichlenkuh, christlich und nannte sie Bäbi. Sogleich wurde die ganze schöne Alp in einen traurigen Firn verwandelt, die Kuh gab seither ganz schwarz-zäggeti Milch"[35]. Nach einer älteren Sage, die auf Johann Jakob Scheuchzer (1746) zurückgeht, hatte der Senn auf Klariden „eine leichtfertige Hure und hielt sie in so hohen Ehren, dass er ihr von der Wohn- oder Sennhütte bis zum Käsgaden, den sonst unflätigen Weg mit Käse bespreitete, damit sie ihre Schuhe und Füsse nicht besudelte. Auf eine Zeit kam seine arme Mutter zu ihm, um ihren hungrigen Bauch mit Milch und Suffy zu füllen. Der gottlose Sohn aber habe ihr Pferdeharn unter die Milchspeisen gemischt, und sie mit so schlimmem Traktament wiederum abgefertigt, worauf dieses arme Weib ihrem verschwenderischen und verruchten Sohn alles Unglück über den Hals gewünscht und Gott gebeten, an ihm seine gerechte Rachhand zu zeigen, welches auch geschehen, also dass die Erde ihren Mund aufgetan und diesen unnützen Erdenlast mit seiner leichtfertigen Dirne verschlungen, zugleich aber seien die oberen Firn und Felsen eingefallen und die vorher grasreichen, fetten Alpen damit überleget, dass sie nun seit der Zeit ganz unfruchtbar seien und nichts tragen"[36].

Was uns in diesen Sagen und Erzählungen entgegentritt, ist ein Wüstungsvorgang. Im Klimaoptimum zwischen dem 11. und 14. Jahrhundert waren zahlreiche, heute längst verlassene Hochalpen noch bestossen[37]. Hans Lüthi und Max Gschwend haben nachgewiesen, dass ein grosser Teil von wüstgelegten alpinen Siedlungen sich in verhältnismässig hochgelegenen Regionen befand. In vielen Fällen dürfte es sich um Siedlungen gehandelt haben, die schwerwiegende Unzukömmlichkeiten aufwiesen: abgelegene Situation, schwieriger Zugang, Wassermangel, Bergsturzgefahr. Möglicherweise haben auch Rodungen und die künstliche Senkung der Waldgrenze die lokalklimatischen Bedingungen verändert und zu Störungen des Grundwasserhaushaltes geführt. Die Befunde und Messungen der Glaziologen zeigen, dass die Gletscher im Laufe von vier Jahrhunderten stark in die Täler vorrückten, um sich dann neuerdings zurückzuziehen. Demnach muss um 1500 das Klima der Alpentäler wärmer gewesen sein[38]. Alle diese Befunde werden heute mit den Mitteln der Archäologie, Sprachwissenschaft, Glaziologie, Botanik und Urkundenforschung weiter abgeklärt. Die Sagenerzähler hatten diese Mittel nicht; sie machten sich ihre eigenen Gedanken. Sie deuteten die „Verwilderung religiös als Fluch, der entweder um der Bosheit der Menschen willen gekommen, oder von bösen Menschen ausgesprochen worden ist". Jedenfalls dachten sie nicht daran, dass sie und ihre Zeitgenossen wegen des Raubbaues im Wald zu einem schönen Teil mitschuldig waren. Es waren andere Mächte ... Das geht auch aus einer Sage aus dem Urserental hervor. Noch im 18. Jahrhundert „erzählte man

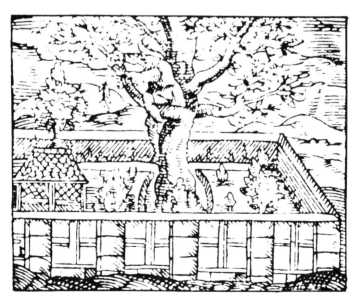

dem französischen Reisenden Ramond in Urseren, dieses holzarme Tal sei früher mit Tannen reich überpflanzt und sonst ein wahres Paradies gewesen. Ein fahriger Schüler beneidete die Talbewohner um ihr stilles Glück und brachte sie durch Brand und Zauber um alles Gehölze, so dass jetzt nur noch kümmerlich der wegen den Lawinen notwendige Bannwald fortkommt"[39]. Hier war es also ein fahrender Schüler, der die Urner um ihren Wald brachte. Doch gab es auch richtige Deutungen. So ein Sarganser Sagenerzähler: „Früener sei dr Wald in dän Alpä joub wyter ufi ggangä. Si heiendi ds Holz zum Zigerä chünnä nitsi ahä nii. Isch dinn aber gchöüleret wordä in dr Alp, bem Ggatter im Gatins vor mä in d Mugg chunnt, häts no därart schwarrzä Härd. Sie hind glaubi d Choulä verchaufft für d Ysäschmelzi"[40]. Noch deutlicher sah der 80jährige Walliser Heinrich Schwarzen aus Randa die Zusammenhänge: „Das Klima hat sich verschlechtert. Ich kann mich erinnern, dass an der heutigen obersten Waldgrenze früher grosse, mächtige Bäume gestanden sind. Man fällte sie zum Kalkbrennen und als Losholz, aber die jungen Bäume wuchsen nicht mehr nach"[41]. Geradezu klassisch formulierte der ebenfalls 80jährige Gregor Jost aus Münster im Oberwallis den Tatbestand: „Früher war es hier in Goms viel wärmer, weil viel mehr Wald stand. In der Ebene gab es Wald bis an den Rotten." Und Alois Steiner aus Feschel fügte hinzu: „Der Wald wuchs bis hinauf an den Grat. Heute gibt es keinen jungen Wald mehr"[42].

Waldbesitz

Waldbesitz — rechtmässig erworben oder erschlichen, gestohlen? Wie kamen Gemeinden, Korporationen und einzelne in Besitz von Wald? Die Sagenerzähler geben dazu mancherlei Erklärungen: ,,Es ist eine allbekannte Sage, dass im Schloss Laufen einst ein dort wohnendes Edelfräulein durch einen Ritter bedrängt wurde. Aber durch Männer aus Uhwiesen, Flurlingen, Feuerthalen und Langwiesen konnte es am Hilaritag befreit werden. Aus Dankbarkeit schenkte das Fräulein den vier Gemeinden ihren ganzen grossen Waldbesitz am Kohlfirst. Zum Andenken an diese Ereignisse feierten von nun an die Einwohner der genannten Orte jährlich den Hilaritag"[43]. Ähnlich heisst es in einer Zürcher Sage: ,,Am Bachtelberg stehen oberhalb Wernetshausen schöne Wälder, die der Waldkorporation Wernetshausen gehören. Die Alten erzählten, das ganze Holz sei vor manchen Jahrhunderten den Wernetshausern von einer Rittersfrau geschenkt worden"[44]. Oft war es gar der Herrgott, der den Wald verteilte. So erzählte Konrad Bittel aus Bellwald im Wallis: ,,Einst bereiste unser Herrgott mit etwa zwei, drei Jüngern das Wallis. Im Goms herrschte damals gerade Streit zwischen den Gemeinden Steinhaus und Niederwald. Beide sprachen das gleiche Waldstück als Eigentum an.

Unser Herrgott anerbot sich als Schiedsrichter und bestimmte einer jeden Partei ihren Wald. Als Wald und Wiesen im Untergoms friedlich verteilt waren, schaute Petrus noch einmal von Lax zurück und rief zum Herrgott: ‚Ja schau, da oben sind ja auch noch Leute! Die haben wir ganz vergessen, die haben ja nichts vom Wald bekommen!'
— ‚Ja nun, jetzt ist alles verteilt. Das kann ich nicht mehr

rückgängig machen. Dann müssen wir denen da oben als Entschädigung den Namen ‚Bellwald' geben!' So sprach der Herr, und so blieb es"[45].

Oft verscherzten die Bürger aus Torheit einen schönen Wald. So erzählte ein alter Baselbieter: „Der Stadtwald, gegen Münchenstein zu gelegen, hat ursprünglich einer alten Jungfrau gehört. Diese habe ihn der Gemeinde Arletsheim zum Geschenk angeboten, wenn diese sie in das Bürgerrecht aufnehme und im Alter und bei Krankheit für sie sorge. Die Gemeinde habe sich jedoch vor den Kosten gefürchtet und das Anerbieten abgelehnt, worauf die Eigentümerin den schönen Wald nebst einem Hofe bei Basel dem Bürgerspital in Basel vermacht habe"[46].

Nur allzu oft gab es Streit um den Wald. So wird in Salgesch erzählt: „Im Pfinwald besass die Gemeinde Salgesch einen flotten Wald. Unter der Landstrasse liegt dort ein kleiner Bezirk, genannt zur Leimgrube. Darüber geht die Sage, ein Herr aus Leuk sei einst mit den Salgeschern einen Handel eingegangen. Er bot ihnen für die Bäume, die auf Lehm stehen, eine schöne Summe. Die Bürger von Salgesch waren einverstanden und meinten die Bäume, die im Bezirk zur Leimgrube wuchsen.

Aber der Herr verstand es anders. Es kamen seine Arbeiter und wollten die schönsten Nussbäume fällen, die dazumal wie ein schöner Kranz das Dorf Salgesch umgaben. ‚Halt, halt, ihr habt hier nichts zu tun', rief man ihnen zu, und sogleich zeigten einige stämmige Männer aus Salgesch diesen Kerlen den Weg nach Leuk.

Nun gab's Gericht. Da aber im Kontrakt geschrieben stand, ‚die Bäume, die auf Lehm stehen', so verloren die Salgescher, denn das ganze Dorf und seine nächste Umgebung steht, wenn man einige Meter tief gräbt, auf einer Schicht Lehm. Die Salgescher mussten nun den Atem leise ziehen und boten dem Herrn, damit er ihnen nicht die schönen Nussbäume nehme, ein grosses Stück im Pfinwald an; der Herr ging darauf ein, und heute noch zeigt man den Wald, den die Salgescher in diesem unliebsamen Streit verloren haben"[47]. Mit Wehmut denken auch die alten Böckter im Baselbiet an ihr schönes, aber verlorenes Waldland. Darüber berichtet eine andere Sage: „Die schöne Waldung auf der Isleteneben zwischen Böckten und Sissach gehörte einst zu Böckten. Die Sissacher sollen sie früher einmal ganz billig gekauft haben, nämlich um einen Doppelliter Kirschwasser, den die Böcktener Gemeinderäte für sich gefordert hatten"[48]. Ähnliches wird aus Diepflingen erzählt: „Bei der Sommerau sind die Diepflinger mit Waldland zu kurz gekommen. Um ein paar Mass Wein verkauften die Diepflinger Gemeinderäte den Gelterkindern eine magere Halde. Dieses von Gelterkinden sehr entlegene Stück Wald erholte sich aber, und es gediehen doch noch ansehnliche Bäume darauf. Diese bildeten immer einen Anziehungspunkt für Diepflinger und Thürner Holzfrevler"[49]. Von einem glücklichen Holzbesitzer wird gesagt: „Der olt Nagler het uf der ‚Alp' es Stück Holzland vo vier Jurte gchauft für e Laib Brot und e Waije"[50].

Eine Sage von einem „verschenkten" Wald stammt aus Gebenstorf im Aargau. „Die Gebenstorfer hatten ihren Wald in der Not den Badenern verpfändet. Als sie aber nach sieben Jahren das Pfand einlösen wollten, schwor der Schultheiss vor dem Landvogt einen Eid, dass er den Wald gekauft habe, und die Gebenstorfer hatten das Nachsehen. Zur Strafe für seinen Meineid musste der Schultheiss jede Mitternacht als Müserngeist in einer Chaise in dem streitigen Holz herumfahren"[51]. Die zweite Fassung lautet: „Die Gebenstorfer verpfändeten den Müserenwald an die Stadt Baden. Am Tage, da die Schuld fällig gewesen, wollten die Gebenstorfer die Schuld bezahlen, fanden aber die Türe des Gläubigervertreters geschlossen und kehrten wieder heim. Am folgenden Tage habe der Vertreter der Stadt das Geld nicht mehr angenommen, mit der Erklärung, nun sei das Pfandobjekt Eigentum der Stadt geworden"[52].

Ernst Wullschleger hat den Sachverhalt untersucht[53]. Er kam zum Schluss: „Anlass zur Sage gab die Bereinigung einer Grenze oder eines Nutzungsanspruches, nachdem oft jahrzehntelange Auseinandersetzungen vorausgegangen waren. Die Unterlegenen kamen sich geprellt vor. Am Wirtstisch fielen dann die Bauern über die eigenen Behörden her. Was lag näher, als diese ungerechtfertigter Nachgiebigkeit, fahrlässigen Stillesitzens, wenn nicht gar der Korruption zu bezichtigen, eben in der Meinung, diese hätten den Wald um ein Linsengericht hergegeben. Dabei konnte es durchaus zutreffen, dass die Parteivertreter in guten Treuen — es waren ja meistens Nachbarn — die Verhandlungen mit einem gemeinsamen Essen abschlossen. Das war früher nicht anders als heute.

Späteren Generationen musste der seinerzeit angemessene Preis für den Verzicht auf ein Recht, gemessen am neuen Geldwert, unbegreiflich gering, als ein Trinkgeld vorkommen. Die Geldentwertung ist keine Erscheinung der neuesten Zeit! Dieser Umstand mag im einen oder anderen Falle der Grund zur Entstehung der Sage vom ‚verschenkten' Wald gewesen sein"[54].

Ähnliche Tatbestände liegen vielleicht der folgenden, aus Gelterkinden stammenden Sage zugrunde. Die Gelterkinder besassen ein kleines, mit Wald bestocktes Tal, genannt „Aleten". Die Tecknauer machten Gebietsansprüche. Der Streit musste vor Gericht entschieden werden. Vor Beginn der Verhandlungen vergnügten sich die Vorgeladenen noch bei einem Jass. Der Tecknauer Präsident Grieder brach rechtzeitig auf, die Gelterkinder aber jassten weiter und verspäteten sich deshalb. „Da entschieden die Richter: ‚Wenn die Gemeinde Gelterkinden an der Aleten nicht mehr Interesse zeigt, wird sie den Tecknauern zugesprochen'"[55]. Diese Sage wurde 1933 vom damals 80jährigen Enkel des in der Sage genannten Präsidenten Grieder erzählt.

Der „billige" Wald war offensichtlich ein beliebtes Thema. Geli Derungs aus Riein erzählt: „Von den Duvinern ist ein grosses Stück Tannenwald dem Glenner entlang und ein Stück bis in die Duviner Alp, bis zur früheren Mühle, an Morissen verkauft worden um ein Lägel Wein"[56]. Eine gleichlautende Sage wurde von Alexander Joos in Präz erzählt: „Dr Prääzer Wald, iäz köört er dm Kantoon, de hei einä vom Gmeindsvoorstand vo Prääz dä Schgulmer aabkauft für ä Lägele Win"[57]. Ein Bündner Sagenerzähler hat gemeint, dass früher der Wald nichts gegolten habe. Das ist wohl ein Trugschluss. Meistens wird die ganz andere Kaufkraft früherer Zeiten nicht berücksichtigt. Oft kommt in den Sagen aber einfach das unterschwellige Misstrauen gegenüber den Behörden zum Ausdruck. Manchmal wird einfach — mit Neid oder Gram — vermerkt, dass die Altvorderen sich in einem schwachen Moment unüberlegt vom Wald trennten. Gehörte der Sagenerzähler zu den glücklichen Gewinnern, stellte er den Sachverhalt selbstverständlich anders dar.

Die Marchenrücker

Einen einmaligen und unerschöpflichen Sagenstoff bilden die Streitigkeiten und Prozesse um Waldgrenzen. In ihnen tritt uns nicht nur die grosse Bedeutung von Grundeigentum und Waldeigentum entgegen; da ging und geht es um mehr: Boden, ja auch Waldboden, war immer auch ein Stück Heiligtum, und seine Grenzen zu verschieben, galt als Niedertracht und Gemeinheit ohnegleichen. Weil es oft der Nachbar war, der die Marchsteine zu seinen Gunsten verrückte, also ein Mann, dem man nachbarliches Vertrauen entgegenbrachte, war eine solche Tat besonders verrucht. Es war ein Vertrauensbruch, und die Strafe musste deshalb besonders hart ausfallen. Manche Sage hat einen historischen Hintergrund. Das gilt zum Beispiel für die Sage vom Klingnauer Waldprozess, die schon Rochholz in sein Sagenbuch aufgenommen hat[58]. Die Gemeinde von Koblenz traute der Grenze des Waldes nicht mehr und liess deshalb einen Grenzumgang machen. Die Klingnauer ihrerseits liessen ihre Marchen neu beschauen und fanden sie urkundengemäss in Ordnung. Man ging vor Gericht. Der Landvogt von Baden fällte den Spruch, die Koblenzer seien abzuweisen, hätten alle Kosten zu tragen und eine Busse zu entrichten. Diese fügten sich jedoch dem Urteil nicht, sondern bestachen einen Ratsherrn. Dieser liess die Grenzen heimlich so verrücken, dass sie zu dem gelangten, was ihnen durch Rechtsspruch entzogen worden war. Doch nun geschah es, dass der Marchenrücker nach seinem Tode die Grenzsteine reiten musste, dass gespenstige Tiere immer wieder in diesem Wald erschienen und ein unheimliches Getöse erschallte[59]. Von anderer Art ist die Sage aus Bosco Gurin: „Tscharantijnar hein ta Ggurijnaru Waalt ggschtola un t Maarcha vartraaga. Un tarnaa het t Nacht eistar eina, an Toota, pliarat: Hia escht t Maarch! Un tarnaa amaal escht en Ggurijnar Ma va Tscharantin chu, un tüa hed-ar öw ggheara bliara: Hia escht t Maarch! Un tar Ggurijnar het mu ggseit: Hattischt-scha gglaa, wa-sch escht ggsin! Un set düa het dar Ma nemma pliarat."

Die Cerentiner haben den Guriner Wald gestohlen und die Grenzsteine versetzt. In der Folge rief nachts immer einer, ein Toter: Hier ist die Grenze! Nun kam einmal ein Guriner von Cerentino, und da hörte er auch rufen: Hier ist die Grenze! Der Guriner erwiderte: Hättest du sie gelassen, wo sie war! Und seither hat der Mann nicht mehr gerufen[60].

Von einem Marchenrücker erzählt A. Sprenger in den St. Galler Sagen: „In Grub im Kanton St. Gallen war ein angesehener Mann Vogt über das Vermögen einer Witwe. Heimlich aber fällte er in ihrem Walde Holz und versetzte die Marchsteine zu ihren Ungunsten. Zur Strafe musste er auch nach seinem Tode in dem Walde bleiben, und oft hören ihn die Fronfaster Kinder Holz sägen. Viele Leute konnten nachts an jener Stelle nicht mehr vom Fleck, bis die Betglocke läutete. Als einst ein Bursche nachts durch diesen Wald ging, begegnete ihm ein Mann, angetan mit einem langen, weissen Gewand, das mit einem bunten Gürtel zusammengehalten wurde. In der Hand trug er eine Säge. Lange Zeit starrte er, die Arme ausgebreitet, dem Burschen ins Gesicht. Seit der Zeit war es diesem nicht mehr ‚recht'. Bald darauf starb der Bursche"[61].

Im Hehwald bei Guttet im Oberwallis büsste ein Mann aus Leuk. Fabian Marty aus Guttet kennt die Geschichte: „Es heisst immer noch, die Leuker hätten den Hiesigen den Hehwald gestohlen. Schuld daran soll vor allem ein gewisser Grand aus Leuk sein. Er müsse jetzt zur Strafe da noch büssen. Viele von hier sahen ihn schon; jetzt zwar nicht mehr.

Einst begegnete er dem Josumarie Köppel, und zwar als ein grosser, grosser Mann mit einem Fracktschopen; in der

Hand trage er eine Art Beil. Man sah ihn unten bei den Losjinu. Das erzählte mir der Josumarie selbst.

Und ein anderes Mal sei er dem Albi (Albert) Matter in den Weg gekommen. Er redete mit ihm, und der Geist bat ihn, er solle dafür sorgen, dass die Grenzen endlich versetzt werden. Wenn er das nicht tun könne, müsse er noch manches Jahr büssen.

Das wäre vor noch nicht vielen Jahren gewesen, so 1938 bis 1940. Das erzählte uns der Albi auch selbst"[62].

In einer Baselbieter Sage heisst es: „Kaum einige Schritte vom Habsenloch entfernt, steht ein alter Grenzstein, der die Bänne Reinach und Therwil scheidet. Dieser soll ursprünglich eine Viertelstunde weiter westlich (gegen Therwil) gestanden haben, im sogenannten Pantel. In Kriegszeiten aber hätten ihn Gescheidsmänner von Therwil an die jetzige Stelle versetzt und so die Reinacher um den schönsten Wald betrogen. Zur Strafe müssen sie nachts bei dem Steine herumwandeln, und man soll da ein Teufelsgejäge (teuflisches Hin- und Her-Rennen) hören"[63]. Ein Marchenrücker erschien auch den jungen Leuten im Sagewald bei Römerswil. „Sie hörten ein Stöhnen und Ächzen; im Gestrüpp erschien eine wüste Mannsgestalt mit einem schweren Marchstein auf der Achsel. Sie bat, den Stein zehn Schritte weiter in den Wald hinein zu versetzen. Das wurde getan. Beim Scheiden wollte der Geist dem Burschen die Hand reichen, doch dieser hielt den Schaufelstiel hin, an dem darauf deutlich die Brandspuren sichtbar waren"[64].

Ein Sagenerzähler aus Mels erklärte Ursache und Wesen des Marchenrückens mit knappen Worten: „Im Graussfäld häts Marchärugger gka, z Butz jus sind gsii und uf Gabräitä. Isch dinn halt gsii, ass si zwinig Boudä gka hind und dumenä anderä gnuu hind, d Marchä versetzt z Nacht. Diä müend dinn wider uf ä Poschtä, winn sie gstorbä sind"[65]. Da gab es also Leute, die zu wenig Boden, andere die genug hatten, und sie begannen, die Marchen zu rücken. Aber eben, wenn sie gestorben sind, müssen sie büssen. Lüthi bezeichnet jene Volkssagen, die sich mit dem Marchenrücken beschäftigen,

als Warnsagen: „Wer einen Marchstein versetzt, wer bei einem Grenzstreit falsch schwört, und so seiner Gemeinde oder Klostergemeinschaft das strittige Land — in unserem Fall der Wald — zuschanzt, muss nach seinem Tode umgehen, der Marchsteinfrevler mit dem — oft feurigen — Marchstein in der Hand oder auf der Schulter, der Meineidige als Schimmelreiter mit umgedrehtem Kopf. Die Heiligkeit der Grenze hat tiefe Gründe. Bei jeder Grenze kann die Vorstellung der Grenze zwischen Diesseits und Jenseits, zwischen dem Land der Menschen und dem der Toten, der Geister oder der Götter unterschwellig mitspielen, vielleicht auch die andere Vorstellung von der Grenze zwischen Vergangenheit und Zukunft, die jeden Augenblick unseres Lebens charakterisiert. Im Vordergrund aber stehen hier handfestere Dinge: die menschliche Ordnung, das Recht, das Eigentum; sie sollen nicht verletzt werden. Furchterregende Sagen schrecken die Frevler ab"[66].

Wie gross die Furcht vor der „gerechten Strafe" etwa sein konnte, erfahren wir aus einer Aufzeichnung einer Nidwaldner Genossen- und Holzkorporation vom 4. April

1725. An diesem Tag beschloss die auf dem Rathaus versammelte Genossengemeinde: „Auf beschechnes Vorbringen das in dem wissenberg bey dem Kalcherlin eine abgestorbne Seel, old geist von dem Meister franzisc buosiger gesechen worden, welche sich villeichter übellholltzens sich wegen möchte versindiget haben, als haben gemeine Herren gnossen hieriber erkehnt, das sye gedachter Seel, wan sie sich im holltzen möchte verfehlt haben, alles völlig vndt gänzlichen wollen nachgelassen und geschenket haben, damit selbe der Anschawung gottes fehrners nit miesse beraubet sein"[67].

Derartige Beschlüsse wurden, wie F. Niderberger berichtet, auch in anderen Waldkorporationen bis in die neueste Zeit hinein gefasst.

Waldnutzung und Waldarbeit

Viele Sagen befassen sich mit der Waldnutzung, der Holzfällerei und Holzarbeit. Eine hübsche Sage setzt sich mit der Zeiteinteilung der Holzfäller auseinander: „Einmal gingen zwei Holzer in den Möörliwald, um ein grösseres Quantum Holz anzurüsten. Da sie sehr fleissige und tätige Arbeiter waren, so waren ihnen die Tage zu kurz; sie arbeiteten daher oft bis in die tiefe Nacht hinein, besonders bei Mondschein. Als sie aber auch am Samstag bis nach Betglockenzeit ihre Arbeit fortsetzten und noch keine Miene machten, heimzugehen, hörten sie auf einmal in langen hellen Tönen den Ruf: ‚Firabä!' Als sie auf diesen Ruf nicht achteten und an den Scherz eines Vorbeigehenden glaubten, rief es wieder, ‚Firabä!' Und sie antworteten darauf: ‚Ja, ja, bald!' Aber sogleich ertönte es wieder heller und stärker denn vorher, ‚Firabä zum letztä Mal!' Jetzt legten sie Axt und Säge auf die Seite und zogen stillschweigend dem Tale zu. Als sie daheim ihren Vätern erzählten, was sie gehört, sagten diese, das sei nichts neues, ähnliches komme auch in anderen Wäldern vor, sei auch schon ihnen begegnet. Seitdem musste niemand mehr die zwei Holzer an den Feierabend mahnen"[68].

Andere Sagen befassen sich mit eigentlichen Übertretungen. Die 76jährige Anna Maria Müller aus Hospental erzählte: „Meine Grosseltern haben einmal an einem Hochheiligen Dreifaltigkeitssonntag einen Wiälesch (Vogelbeerbaum) gesägt. Schon am nächsten Morgen hatten sie die schönste Kuh tot im Stall"[69]. Die Strafe konnte aber auch anders ausfallen und jene, die den Sonntag entheiligten, persönlich und direkt treffen. Vernehmen wir, was die 80jährige Catrina Monn-Deragisch zu berichten weiss: „In Sedrun, so erzählte mein Vater, hatten zwei Männer am Allerheiligenfest Holz gemacht, und nach dem Tode der beiden habe man dann am Sonntag, wenn man zur Messe ging, im Wald immer das Poltern von gefällten Stämmen, Blöckern und das Rufen und Ächzen von solchen gehört, die schwere Blöcke tragen"[70]. Um den Fluch auf sich zu ziehen, genügte es auch, an einem Sonntag Holz zu spalten. So erzählte die 56jährige Maria Catrina Casutt aus Fellers (der Originaltext ist in romanischer Sprache abgefasst, wir geben die deutsche Übersetzung wieder): „Ein alter Mann spaltete Holz, anstatt in die Messe zu gehen. Er ist dann gestorben, und nach seinem Tode sah man ihn zu gewissen Stunden der Nacht Holz spalten. Er machte das zur Strafe"[71].

Aus Bretzwil im Kanton Baselland stammt die folgende Sage: „Mer hei öppis Ungrads gha. D Mueter schickt mi a me Sunntig z Midag ufs Asp uuse go Choschtez sueche. Ufsmol gchöreni öppe hundert Meter oben an mer, zunderscht in de Brangfohre, haue, wie wemme Holz abmacht. Zerscht hani gmeint, i haig mi tüüscht, es wärde Buebe sy, wo mit Stäcke an e Stamm schleue. I has aber derno ganz dütlig gchört, wies gyret, wie wenn sie en Achs bim Haue im Chlaffe ychlemmt. Du wit doch wüsse, wär das isch, hani dänkt und laufe dergegen yne. Jetz het das Haue uufghört, fot aber e Stück wyter obe wider a. Eso ischs wytergange bis uf e Grangchopf uufe, ohni ass i dä Frävler emol in d Auge überco ha.

Undereinisch fot der Wind afo rusche und chutte, es isch mer gsi, es wärd dunkler. I springe durab und gseh, wies chohleschwarz chunnt hindevüre. Es het afo grossi Tropfe gee, i springe, was i vermag, aber jetz fots afo schütte, wie wemme Chübel um Chübel usleerti. Muusnass bin i heicho. Dört hets gheisse, das syg der Sunntigsfrävler gsi, woni gwahret haig, dä haig me früecher mängisch gchört"[72].

In der Lauch bei Eptingen hörten die Leute, wie eine andere Sage erzählt, in der Sonntagsnacht einen Holzhauer: „Me sait, er syg zu syne Läbzyte gwöhnlig amene Sunntig go holze und mües jetz zur Strof au no im Tod wider cho.

S Zimmers Marti het gsait, er haig ihn in den achzger Johre einisch gseh, am Tag bim Holze; es syg es ganzis rots, gschwinds Mannli gsi. Jetz, gseh han ich ihn no nie, aber gchört scho mängisch, früecher no meh as jetz"[73].

Jakob Waldner-Weber (1850–1920) aus Oberdorf erzählte: „Mein Vater und sein Bruder wanderten an einem schönen Pfingstmorgen von Oberdorf ins Reigoldswiler Tal. Im Leisenberg hörten sie jemanden mit einem Gertel Wellen machen, und als sie aus dem Walde traten, erblickten sie oberhalb der Strasse am Waldrand einen Liedertswiler an der Arbeit. Erschrocken sahen die beiden einander an, denn sie wussten, dass dieser alte Mann längst gestorben war. Es war ihnen aber auch bekannt, dass er in seinem Leben oft die höchsten Feiertage geschändet hatte. Darum musste er wohl wiederkommen und büssen. Tief bewegt zogen die beiden Wanderer weiter. Bei klarem Himmel waren sie daheim fortgegangen; kaum zwei Stunden später setzte ein fürchterliches Unwetter ein, so dass sie an jenem Tage nicht mehr zurückkehren konnten"[74].

Die Waldarbeit und ihre Technik

Es war Sitte und Brauch, die schwere Waldarbeit nicht überstürzt und ohne eine gewisse Umsicht zu beginnen. Vor manchen Arbeiten verrichteten die Leute auch ein Gebet. Beim Ackern, aber auch vor einer gefährlichen Arbeit, besonders im Wald, „heien si e Gebett gseit"[75]. Recht anschaulich wird die unmittelbare Vorbereitung zur Waldarbeit in zwei Sagen aus dem Bündnerland umschrieben. Alt Landammann Andreas Bärtsch aus Furna (1866 — 1953) erzählte: „Es wilds Männdli si ämmal uf ära Tanna ghocked. Duä siend Mäner chon und heiend uf dr Stell angfangän sagn. Das wild Männdli hei äs Wili äso zuägluäged, und dei hei's gseid: Diä fürcht'r nüüd, diä fellend dn Wald nid. Am neechschtn Tag siend duä zwei Mäner chon, und ds Fänggnmänndli hei widrm zuägluäged. Diä beedn heiend schi aber zeerscht uf'n Bomm gsetzt und än Pfiffe ggrauched, und wiä sch mit dr sälbn fertig gsi siend, heiendsch zeerscht noch d Sägä gfilet und den angfangän sagn. Duä hei ds Fänggnmänndli gseid: Diä beedn fürcht'r aber, diä fellend dn Wald. Jez müäs äs gahn"[76].

Ganz ähnlich lautet die Sage, die Mutter Eva Donau (1858—1956) aus Arosa erzählte: „Ganz früär sei i Fundei alles Wald gsiin, und diä heindsch ne wellä usrüüte. In dim Wald sind no wilte Männdli gsin. Und duä wis erä ouf seiend und angfange heiend Waldä und äbä grousig gäbittlos dreischlagä heiend, heiend die wiltä Männdli zämä gseid: Wägä dänä brouchensch no nid z'gahn, diä tüend inä nööüt. Und äso sei's au gsin. Diä Holzer heiend duä bald ghöörd und seiend ggangä, und diä wiltä Männdli heiend dua ä Weiil Ruab ghan. Und duä seiend diä widerum ander choon. Diä heiend di Tschööp abgäzogän und schi gsetzt und eini eingfüllt und darna äs Vatterunser gebätted, e'hdäs aafahn. Di wiltä Männdli heiend nä zueglueged und heiend zuenän anderä gseid: Jäz chönnensch gahn, jäz sei's um dä Wald geschehn."

In beiden Sagen sind es wilde Männlein, welche die Holzfäller und ihr Tun genau beobachten und registrieren. Sie, denen das Volk höhere Weisheit zutraute, konnten auch beurteilen, ob die Arbeit richtig angepackt wurde — oder nicht. Die Wildmanndli, „in vielen Stücken viel gescheiter als andere Leute", wie es in einer Sage heisst, haben den Waldarbeitern selbst neue Methoden zum Holzfällen beigebracht. Die Sage stammt aus dem Dorf Vättis, und sie zierte schon die alte St. Galler Sammlung von J. Kuoni. Sie ist offenbar noch lebendig, denn sie wurde noch von Alois Senti (um 1970) registriert. „Frühjer het ma d's Holz allbig nu mit der Äx gfellt. Doa sind dinn dia wilda Mannli, wils au gar gwünderig gsie sind, chu ga zualuaga und hind indli, wos'a paar dumma Kärli zuagluagat gha hind, d'Chöpf erschüttet und hind gseit: ‚Miar wind ni zeige, wia ma Holz fellt.'

Am andere Dag, wias gwieset het, sa sind die wilda Mannli schu mit ara frisch gfielata Schrötersaga uf Ort und Stell gsie und hind da Berger grüaft. Nohär hind die zwei Mannli mit anand agfocht saga, und die andara hind zuagluagat. Wias=as sie halba igsagat kha hind, het müasa a Berger mit d'm eina Mannli fertig saga. Wil doa d'Danna gfalla ist, het d'r Berger da Finggastrich gnu und ist gsprunge, so ross as er müge het.

Das wild Mannli het aber nu zwei Schritt gmacht und ist stillgstanda. Im hets nüt doa; aber da andara hets um ei Hoor erschlaga. Wia das d'Berger gsieh hind, hinds gfroget: ‚Worum bist du nit witer gfloha?' D's Mannli het gseit: ‚Hinders nit gsieh? I han nu dur Danna uffi gluagat, uf wehli Sita as si falli, und dua bin i nu uf die ander gstanda.'

Vu jetz aweg hind d'Berger gwüsst, wia ma Holz fellt und das au ander Lüte erzellt. Aso ist d'Sach in d'Welt ussi chu. Sie hind due bem Heiguh aber zu=n=anand gseit: ‚Ma cha mingwohl no vu Chlina etschwas lehra'"[77].

Die Sagenerzähler wussten, dass man früher das Holz allein mit der Axt fällte und bearbeitete. Mit der gewöhnlichen Holzaxt wurde es gefällt, zerteilt und für den Ofen zubereitet, mit der Breitaxt wurde es zugeschnitten und wurden die Bretter gespalten. Axtspuren sieht man an älteren Gebäuden, speziell an Tennen und Scheunen, aber auch an Balken und Streben älterer Riegelhäuser. Wann und durch wen die Sägen bei uns eingeführt wurden, ist noch wenig erforscht. Nach J. Bielander waren es Tiroler, welche die Spaltsäge und die nach ihnen bekannte Tiroler Säge einführten[78]. Wie Alfons Maissen[79] bezeugt, war die heute längst verschwundene Waldsäge bereits im Spätmittelalter bekannt. Statt einer Kreisbogenkrümmung der Zahnreihe war sie gerade gezahnt; die Sägeblattbreite betrug höchstens sechs bis acht Zentimeter. Die M-Zahnung, so genannt nach der Form der Zähne, das dicke, rauhe Sägeblatt, der weite Schrank, dann die vierzig Zentimeter langen, noch ungehobelten Handgriffe waren die Merkmale dieser uralten Säge. Einer der ersten, der die M-Zahnung anwendete, war, wie aus einer Skizze von 1488/97 hervorgeht, Leonardo da Vinci. Bei uns dürfte indessen diese Säge erst im 18. Jahrhundert aufgekommen sein. So wird um 1797 berichtet, dass im Orjoulazwald öfters Holzfrevel stattfinde, den man sehr schwierig entdecken könne, weil sich die Holzfrevler der Säge, ,,welche man in der Ferne nicht hören könne, zur Fällung des Holzes zu bedienen anfangen"[80]. Die Holzfrevler begannen also erst Ende des 18. Jahrhunderts die Säge zu benutzen. Es ist anzunehmen, dass sie das schon früher getan hätten, wenn dieses Werkzeug allgemein bekannt gewesen wäre. Am Ende des 18. Jahrhunderts brachten deutsche Eisenfabriken denn auch erstmals Sägeblätter auch in den schweizerischen Handel[81].

Vom ersten Verkauf der Sägen bis zu ihrer Handhabung durch die Bauern dürfte ein weiter Schritt gewesen sein. Die Sagenerzähler haben ihn auf einzigartige Weise beschrieben: Es waren die Waldmännli, die den Holzern die neue Methode vermittelten. In unsere heutige moderne Sprache und Denkweise übersetzt: Wir verdanken die neue Methode der Eingebung.

Die gefährliche Holzfällerei

Waldarbeit ist seit jeher nicht nur streng, sondern auch gefährlich. Es ist deshalb wohl verständlich, dass sich die Sagen mit den Gefahren, mit dem Thema Tod im Wald immer wieder aufs neue beschäftigen. Julietta Arpagaus-Benkert, geboren in Degen, Graubünden, 1904, erzählte: „Am 6. November 1929 waren fünf Männer im Wald von Vigens damit beschäftigt, Holzstämme durch ein böses Tobel hinab zu lassen (fa giju lenna). Auf Pleun Resch haben sie zusammen zu Mittag gegessen. Nachher gingen zwei zur Glennerbrücke. Einer ist füttern gegangen, und einer hetti selle waarte bi dr Brugg, bis das Holz, fünf bis acht Meter lange Blöcker (buaras), oben abe khömm. Vo dert a het mä's khönne heimfüere. Das Holz isch no nid alles abi gsi, und er isch ds Tobel uuf go luege. Und in dem Augenblick khunnt a buara über d Felse-n-abe in ds Tobel und imm geg e Khopf und het imm dr Khopf zerquetscht.

Und während das geschah, hat der andere, der füttern gegangen war, gesehen, wie aufwärts auf der Strasse nach Vigens eine Frau dastand und ins Tobel hinab schaute. Der Fütterer kannte sie. Es war die verstorbene erste Frau des Mannes, der im Tobel aufwärts gegangen war. Und der Futterknecht ist dann heimgegangen nach Vigens und hat etwas zu Mittag gegessen (priu ign tec marenda), bevor er auf den Berg (cuolm) ging, und dachte bei sich noch: Was doo dia Frau, wo scho lang gstorbe sei, heb welle? Und dann khömen si us em Waald in ds Dorf und segen: dr Rest Giusep Derungs sei im Waald umkhoo. Da wusste er, der Fütterer, dass die erste Frau des Derungs gekommen war, um ihren Mann abzuholen.

Das ist dann wahr. Das haben die Männer, die dort im

Walde waren, selber erzählt. Ein Jahr später hat man denselben Derungs auf seinem Maiensäss gesehen"[82].

Hier holt eine verstorbene Frau ihren verunglückten Mann an der Todespforte ab, um ihn ins Jenseits zu begleiten. In anderen Sagen wird der Tod vorher angekündet. Im Urnerland glaubte man, dass sich tödliche Unglücksfälle beim Holzfällen im Walde durch Lichter „voraus künden". So erzählte Franz Aschwanden-Gisler: „Vor etwa vier bis fünf Jahren sah ein Eisenbahnarbeiter von Erstfeld mehrere Morgen nacheinander, wenn er noch bei Dunkelheit an seine Arbeit ging, droben im Bocki ein Licht hin- und herschwirren. Nach einiger Zeit wurde daselbst ein Holzarbeiter von einem fallenden Baum erschlagen"[83].

Ganz ähnlich lautete die andere Sage, die vom Urner Pfarrhelfer Anton Baumann überliefert wurde: „Es war im Herbst 1894, dass die Unterschächener im Walde ob Schwanden abends spät mehrere Lichter wollten herumschwirren sehen. Wenige Tage später fielen dort zwei Brüder Schuler über eine Fluh zutode, und am Abend holte man beim Schein der Laternen die Leichen. Diese Laternen machten nun ganz die gleichen Bewegungen wie die Lichter an jenem Abend"[84].

Oft erschienen die tödlich Verunglückten später wieder. So wird in Reigoldswil erzählt: „In der Ziegelhütte bei Reigoldswil war vor vielen Jahren ein Knecht in Stellung, der den Ruf eines waghalsigen Holzers hatte. Einst war er auch wieder ins Holz gegangen. Es wurde Abend, der Knecht kam nicht nach Hause. Da vermutete man, es sei ihm ein Unglück zugestossen, umso mehr, als er sich geäussert hatte, eine dürre Tanne an der Bürtenflue wolle er einmal herunterholen. Am anderen Morgen machten sich einige Männer auf, den Vermissten zu suchen. Wie sie den Bergmattenweg hinausschritten, sahen sie plötzlich etwas weiter unten den Gesuchten in gleicher Richtung gegen das Schelmenloch gehen. Trotzdem gingen sie weiter bis zu der Stelle, wo sie den Knecht vermuteten, und fanden ihn zerschmettert unter der Flue. Sie trugen die Leiche ins Dorf, wo sie beerdigt wurde. Einige Zeit nachher sammelte ein Mann unter der Bürtenflue Holz. Bereits hatte er eine ordentliche Bürde auf seinen Schlitten geladen, da rief auf einmal jemand in den Felsen über ihm: Hopp! Er vermutete, es sei der Förster und antwortete. Doch niemand regte sich. Da wurde es dem Mann unheimlich zumute, und er war eine Zeitlang wie gelähmt. Das war sicher der verunglückte Holzer gewesen, der am Ort seines Unglücks erschienen war. Auch später sollen Leute den Holzer haben rufen hören. Jedesmal habe sich darauf anhaltendes Regenwetter eingestellt[85]."

Auch am Wisenberg bei Häfelfingen gab es nach der Sage eine solche Erscheinung. So berichtet Gottlieb Bürgin: „Wir waren auf den Bergmatten am Wisenberg beim Heuen. – Beim Zusammenmachen ging mein Vater voran, ich hintendrein. Auf einmal hörte ich im nahen Wald etwas rauschen. Ich trat hinein, um nachzusehen. Nach wenigen Schritten gewahrte ich nahe am Waldrand einen grossen Mann mit gesenktem Blick daherkommen. Er trug Halblein und einen breitkrempigen Wollhut. Als er den Kopf hob, sah er mich – und verschwunden war er. Ich hörte nur noch ein Geräusch, wie wenn ein ins Gleiten gekommener Baumstamm durch den Wald hinunterrutscht. Ganz verstört rief ich meinen Vater herbei. Dieser hatte es auch gehört. Ich beschrieb ihm den unheimlichen Mann, und er sagte, dies treffe auf einen Mann zu, der vor etwa zwanzig Jahren an dieser Stelle beim Holzfällen verunglückt sei. Ein ins Rutschen gekommener Tannenstamm habe ihn erdrückt. Man habe über ihn allerlei gemunkelt, er hätte zu Lebzeiten Grenzpfähle versetzt und Vogtsgelder veruntreut. – Bald nach dieser Erscheinung setzte ein heftiger Regenguss ein"[86].

Manchmal kündete sich der Tod einem angehörigen Familienmitglied zum voraus an. Gottfried Kohler, geboren 1892, Landwirt von Pfäfers, erzählte: „Hät dinn früener jeda Bürger Holz überchuu vu dr Ortsgmaind. Aber ma häts sälber müessa ga haua. Dua sait d Mamma: ‚Du gousch das Lousholz dinn nit ga haua. Mier häts traumt, si haien aina gholt ufema Wägeli vu hinda usa gäga ds Puurachilchli. I luu di nit guu.' Due hät dä Vater halt tua wia verruggt. Är hät an Arbeiter tinget gka. Und der isch halt chuu mit em Ruggsagg uf em Rugga. Dua hät ers eba verzellt. Und der Arbaiter sait: ,Winn dia asou an Angscht hät, dinn gang lieber nit, Jousep. Gang du in d Fabrigg. Ich guu dr Mathey ga frouga.' Das isch an alta Leidiga gsii. ,Dinn guun in mit dem. Isch gschyder. Sus hät dia an Angscht aswia verruggt.' Aber am Oubet hinds suuber dr Mathey gholt asa toud. An üserem Stugg Holz ischt er mit Riisa erschlaaga worda. Isch a gäächa Chooga, döt hinder Raggouł ufa"[87]. Nach einer Walliser Sage waren es auch arme Seelen, die den Tod kündeten. Johann Siegen aus Kippel erzählt: „Holzfäller fällten im Sumpf zuoberst im Kippelwald Tannen. Einer sagte am Morgen: Über diesen

Graben gehen wir heute nicht, denn ich hörte gestern auf der anderen Seite weinen und sah niemand. Die andern lachten ihn aus, gingen trotzdem hinüber und holzten dort. Aber einem, der beim Fallen einer Tanne nicht mehr fliehen konnte, kostete es das Leben: Ein Baumast durchstiess ihm den Leib. Er lebte noch eine Weile, konnte Reue erwecken und einen Vorsatz machen; aber am Abend weinten die Angehörigen laut an jener Stelle, wo der Mann am Vortag hatte weinen hören. Die armen Seelen hatten gewarnt"[88].

Die Tanne ist bereit, aber der Mann nicht

Ins gleiche Gebiet des „Kündens" gehörte die wahrhaft grossartige Sage, die Maria Ursula Bertscher (1822–1857) erzählte: „Unterhalb Sedrun waren Jäterinnen auf dem Feld. Sie hörten eine Stimme aus dem Wald von Cavorgia rufen: ‚El pégn è pinaus, mu gl um è betga cò!' (Die Tanne ist bereit, aber der Mann ist nicht da!) Dann kam ein Mann von Sedrun eilig daher. Er wollte in den Wald Cavorgia hinüber, um zu holzen. Die Jäterinnen riefen den an, sie wollten ihn warnen. Sie ahnten, dass da drüben etwas nicht in Ordnung war. Ja, sie hielten ihn am Rock fest, doch er liess sich nicht aufhalten. Er liess den Tschiep in den Händen der Jäterinnen zurück und lief hinunter in den Wald von Cavorgia, wo er bald darauf von einer fallenden Tanne erschlagen wurde"[89].
Diese Sage — die Stunde ist da, aber der Mann nicht — wird auch von anderen Erzählern und an anderen Orten erzählt. Besonders eindrücklich ist die Sage aus Nidwalden: „Vor vielen Jahren gingen einst im Winter einige Bauern von Alpnach in's Gebirge hinaus, um dort ihr Brennholz anzurüsten. Als sie nachmittags, so wie gewohnt, strenge arbeiteten, hörten sie nahe neben ihnen eine helle, gellende Stimme rufen: ‚Die Stunde ist da, aber der Mann ist noch nicht da!' Kein Mensch war in ihrer Nähe, weit und breit. Es war eine Geisterstimme. Bald nachher kam ein Bauer mit einem Schlitten den Berg hinauf, um Holz zu holen und wie er so mühsam mit dem Schlitten beladen hinanstieg, kam vom Berge herab eine Tanne, fuhr auf ihn zu und tötete ihn augenblicklich. Der Unglückliche, dem seine Stunde geschlagen, wurde von den übrigen Bauern auf dem Schlitten zu Tal befördert, den

er hinauf getragen hatte"[90]. Fürwahr ein packendes Bild menschlicher Ohnmacht, mehr als eine gewöhnliche Beispielerzählung dafür, dass jedem einmal die bestimmte Todesstunde schlägt. Erstaunlicherweise haben wir hier, wie Robert Wildhaber nachgewiesen hat, nicht nur schweizerisches, sondern ein europäisches Sagenmotiv vor uns. Er konnte auch zeigen, dass diese Sage schon im Werk des Gervasius um 1211 auftaucht[91]. Es ist nicht anzunehmen, dass die schweizerischen Sagenerzähler dieses Werk aus dem 13. Jahrhundert kannten. Die Geschichte, die ursprünglich in Südfrankreich „heimatberechtigt" war und überall zu allen Zeiten immer wieder auftaucht, scheint ein schönes Beispiel für die enge Verwandtschaft des Sagenmotivs mit dem religiösen Bereich, mit dem Glauben zu sein. Tatsächlich fordert uns ja die Bibel immer wieder auf, uns mit der Stunde des Todes und der für den Menschen bestimmten Zeit zu beschäftigen: „Denn es war ihnen Zeit und Stunde bestimmt, wie lange ein Jegliches währen sollte", heisst es etwa bei Daniel, VII, 12. Oder im Römerbrief, XIII, 11: „Und weil wir solches wissen, nämlich die Zeit, dass die Stunde da ist." Oder in der Apostelgeschichte, I, 7: „Es gebührt euch nicht, zu wissen Zeit oder Stunde, welche der Vater seiner Macht vorbehalten hat ..." Oder bei Johannes XVI, 32: „Siehe, es kommt die Stunde und ist schon gekommen ..."

Der in unserer Sage so charakteristische Satz allerdings findet sich in der Bibel nicht, er würde auch ihrem Sinn und Geist wohl nicht genau entsprechen. Hingegen ist trotzdem biblischer Geist vorhanden, denn der Mann, der ja seinen Rock fallen lässt, dem es so wichtig scheint, das Holz rechtzeitig einbringen zu lassen, richtet sich selbst zugrunde, weil er nur den irdischen Geschäften nachgeht. „Er wusste nichts besseres zu tun, als atemlos zu eilen, um doch noch ‚zur Zeit' zu kommen"[92].

Wald- und Holzfrevel

Mehr als heute, so meint Michael Sooder, war in früheren Zeiten der Glaube lebendig: dem Ungerechten wächst der Lohn, Bosheit findet die ihr gebührende Strafe. Als 1669 eine Seuche das Haslital heimsuchte, gab es viele Leute, welche Unglück und Leid, die einkehrten, als Strafe Gottes für sündhaftes Tun erklärten: „Gott hat uns das insgeheim getan, wil wir all Holtz zum Fewr glegt han"[93].

Zahlreich sind deshalb auch die Sagen, die sich mit den schweren Strafen beschäftigen, die Holzfrevel nach sich zog. Die Strafe kann noch zu Lebzeiten eintreffen; es kann aber auch sein, dass sie erst nach dem Tod kommt, sei es, dass der Frevler als Wiedergänger erscheint, sei es, dass Gespenster aller Art, Hexen, Zwerge, als strafende und rächende Wesen auftreten. Häufig trifft die Strafe auch Unschuldige, die mit den Schuldigen haften müssen, so dass wir hier von einer Gesamthaftung sprechen müssen[94]. Doch lassen wir nun die Erzähler selber sprechen. Gion Fidel-Spescha (1876–1961) erzählte im August 1960: „In unserer Gemeinde war es Brauch, dass von elf Uhr bis ein Uhr nachts der Nachtwächter eine Runde durch das Dorf machen musste. Das ging der Reihe nach. Ein Jüngling erzählt: An einem Abend, als er den Nachtwächter machen musste, habe er etwas Merkwürdiges gesehen. Es war schöner, heller Mondschein, er hätte die Nadeln vom Weg auflesen können. In geringer Entfernung vom Gebäude der Feuerwehr habe er einen merkwürdigen Lärm vernommen. Überrascht habe er ein wenig gelauscht, sei dann weiter gegangen und habe einige Schritte vor sich mitten im Weg vier Männer gesehen, die Holz hackten. Er habe nicht gewagt, weiterzugehen, er habe sogar erkannt, dass die nicht mehr lebten, sondern schon vor Jahren gestorben waren"[95]. Wie diese, so ist auch die folgende Sage eine eigentliche Warnsage. Sie wurde nicht nur erzählt, um die Leute zu unterhalten, sondern um alle zukünftigen Holzfrevler und andere Gesetzesübertreter von ihrem Tun abzuhalten. Die Sage wurde von Martin Galörtscher (1879–1960) im Mai 1952 erzählt: „Eine hei in dr Nacht es Fuäder Holz ggladä. Das hed'r halt vo dr Gmeind gstole und het's duä welle gä Ilanz fierä und det tir verchoufä. Duä ischt er im Ritlandtobel uf di Straass gestellt cho vo-n-eim oder vo eirä. Det isch friär es Briggli gsi. Ganz suuber isch es det nit gsi, detta het's ggeischtet. Bi dem Briggli ischt er gstellt cho und het miäse stah blibe, viär Stund, bis er kheert het dr Tagg alite uf Sagäns dettä"[96].

Wald- und Holzfrevel gab es auch im Wallis. Matthäus Chastonay aus Biel im Oberwallis erzählt: „Nachdem man zwischen Blitzingen und Selkingen den Wald geteilt hatte, war es dort nachher nie recht geheuer. Im Selkinger Wald sah man häufig Männer in alten Trachten auf- und abgehen, und im Selkingertal hörte ein Senne im Sommer immer Holz hacken.

Diesen Holzhacker vernahm ich als Knabe noch selbst. Einmal war ich als Zwölfjähriger bei meinem Vater im Wald und fragte ihn: ‚Was hört man da Holzhacken?' Es waren aber keine rechten Holzhacker. Man erlebte das sogar noch vor zwanzig Jahren"[97]. Ähnlich berichtet Theodul Volken aus dem Fieschertal: „Als junger Bursche war ich einmal um zehn Uhr am Abend noch in Naters und hatte eigentlich zum Tanze gehen wollen. Als ich in der Nacht heimwärts kam und gegen Morgen in der tiefen, weiten Schlucht war, hörte ich im Wald am Holz arbeiten, hörte aber keine Kommandi und nicht zapiinen (Zapii = Werkzeug der Holzarbeiter: Holzschaft mit gebogener Eisenspitze), aber genau, wie die Holztitschini (kleinere Stämme) weiterglitten.

Am andern Tag ging ich hin und schaute nach. Aber im Wald hatte niemand geholzt. Das waren sicher Verstorbene"[98].

Othmar Zeiter aus Biel erzählt: „Mein Vater war sicher kein Angsthase. Er erzählte aber immer wieder, wenn er jeweils am Vormittag in den Gluringer Bannwald gegangen sei, habe es da hackt und geschafft und getan; dabei sei kein einziger Arbeiter im Wald gewesen. Und das sei tagsüber passiert. Das erzählte mein Vater. Das seien die armen Seelen von Holzfrevlern gewesen"[99].

Welche Bedeutung das Brennholz für die verhältnismässig arme Bevölkerung hatte, kann heute kaum mehr ermessen werden. Es ist deshalb recht verständlich, dass die Leute sehnlichst darauf warteten, bis die Wälder für das Sammeln geöffnet wurden. In bestimmten Gegenden, so etwa in Domat, waren alle Wälder vom Herbst bis Frühling „geschlossen". Erst um Pfingsten waren sie wieder geöffnet, und da durfte man wieder Leseholz, Rinden und Tannzapfen sammeln. Oft aber warteten die Leute nicht so lange, und dann eben kam es zum Waldfrevel, von dem die folgende Sage berichtet: „In dem Tobel Trep gegenüber von Ems, wo man nach Feldis hinauf geht, hat einer einst Holz gefrevelt, Bäume gefällt, wo er nicht durfte. Sitdem hend diä, wo uf dä Maiäsässä gsi sind, gseit: Immer an dr Pfingstvigil gghöör mä-n-eine holze und ruefe, und nachheer ein Krachen von stürzenden Tannen, wie wenn der ganze Wald herunter käme, dass es eim dur Margg und Bei goht. Und wenn die Morgenglocke droben in der Kirche St. Johannes erklang, war aller Spuk verschwunden"[100].

Besonders hart scheinen die sagenhaften Strafen in Uri gewesen zu sein. Pfarrer Gedeon Furrer berichtet: „Wer im Briggwald frevelte, das heisst zu Unrecht Holz fällte, dem sei die rechte Hand abgehauen worden"[101].

Mit dem Tode büsste ein Holzfrevler nach einer Baselbieter Sage: „Zwee hiesig Manne sy go ne Stück Schnäfelholz frävle. Si hais gfellt gha und sy am Versage gsi. Do hets uf eimol näben anene lys, aber dütlig gflüschteret: ‚Dä do!' Si hai mit im Sage ufghört, enander agluegt, und ein frogt der ander: ‚Hesch das au gchört?' Si leue s Holz und s Gschir lo ligge, springen über Stock und Stei der Bärg ab und heizu. Drüber abe het der eint s Närvefieber übercho, er isch dra gstorbe. Der ander het das spöter mym Vatter verzellt"[102].

Früher frevelte jedermann! So beginnt ein Sagenerzähler. Er drückt damit aus, was jedermann wusste: Holzfrevel war weitverbreitet, was angesichts der Massenarmut nicht verwundert. Hier die Sage in ihrer knappen Dialekt-Diktion: „Früejer isch alls go frävle. Woni e Bueb gsi bi, het der Wagner-Niggi verzellt: Woni mit andere zäme im Bloondwald bi go frävle, haimer bim Bolzeried Liechtli gseh, wo der Gränze noh gange sy. Mir hai Päch gee, und eine von is het derby d Chappe verlore — dä isch sen aber nit go hole!"[103].

Erstaunlicherweise wechseln die Strafen vom härtesten bis zum mildesten Mass. In einzelnen Fällen kamen die Frevler straflos davon. Vor allem verbrecherische Handlungen und Frevel, die von Witz, Humor und Schlauheit des Täters zeugten, unterlagen in den Augen des Volkes keinen Sanktionen; ja, es hatte für Witz und Humor ein gewisses Verständnis. Hier ein Beispiel aus dem Urnerland: Ein Mann fällte eine prachtvolle Föhre hoch oben auf der Fluh im Rynächt und vergrub den Stamm im nahen Ried. Dann zersägte er ihn und schleppte das Holz, Stück für Stück, am Bannwärter vorbei, nach Hause[104]. Es wird nicht verschwiegen, dass der herrliche Kienbaum Stolz und Freude aller Förster weit und breit herum war. Man wusste, dass es Frevel war, aber man verzieh ihm. Das Volk sah in jenen Übeltätern lediglich Sünder gegen das elfte Gebot: „Du sollst Dich nicht erwischen lassen!" Und wenn sie sich nicht erwischen liessen, sah es in ihnen Könner, wenn nicht Alltagshelden.

Humor kann, besonders dann, wenn er gescheit ist, dem Frevelnden recht geben, beziehungsweise den Ankläger entwaffnen. Von Hans Ulrich Brennwald (1620—1692) stammt die folgende Sage: „Einer nam seinem Nachpauren zue Winterszeit nach und nach nächtlicher Wyl vil

Holtz, und als er einist erdapt worden und der Nachpaur zue ihm sprach: ‚Jetz hab ich einmahl den recht Holtzdieben erwütscht, du muest mirs thür gnueg bezahlen!' der Schuldig antwortet: ‚Mich dunckt, du seyest ein Narr. Meinst, dass ich hett umb dynes Holtzes willen söllen erfrüeren? Es ist ja minder schad umbs Holtz als umb mich, der ich ein Mensch mit Lyb und Seel'"[105].

Es kam im übrigen immer sehr darauf an, wer den Frevel beging. Ein Mann aus Brunnen, also ein Bürger aus der benachbarten Gemeinde des Standes Schwyz, der schon lange in Erstfeld wohnte, wurde vor Jahren vom dortigen Gemeinderat wegen Waldfrevels gerügt und gebüsst. Der Mann machte geltend, dass sich noch viele andere das gleiche Vergehen zu Schulden kommen liessen, ohne dass man davon gross Aufhebens mache: „Die sind yserte", donnerte ihn der Ortsgewaltige an, „aber ier sind en Üsländer"[106].

Armen Leuten, denen es an Holz fehlte, wird, sofern sie nicht freveln, mitunter auf seltsame, ja wunderbare Weise geholfen. In Zinal erzählte man: „Ein armer Schlukker hätte gerne einen Stall gebaut, doch fehlten ihm dazu die Mittel. Er ging zu einer alten Frau, die als Hexe verschrien war, und frug sie um Rat. Sie versprach ihm, das Holz herbeizuschaffen, ‚Wenn ich dafür meine Seele hergeben soll, so will ich lieber nichts davon', meinte der Arme. ‚Was fällt dir ein', entgegnete die Hexe, ‚höre, ich werde dir, wenn das Holz anlangt, Anzeige machen, worauf du nur drei Scheffel Roggen als Belohnung bereit halten wirst; du sollst aber hübsch im Hause bleiben, nicht hinausgucken und das Getreide zum Fenster hinauswerfen!' Nach einiger Zeit wurde er von der baldigen Ankunft des Holzes benachrichtigt. Er schüttelte rasch drei Scheffel Roggen auf, nahm noch ein bisschen dazu, um ja voll ausmessen zu können, und begab sich ins Haus. Bald hörte er draussen ein sturmartiges Brausen und Sausen. Ein ganzer Wald kam vor sein Haus geflogen. Stimmen wurden laut: ‚Gib uns den Lohn, das Holz ist da'. Er warf den Rest hinaus und stellte sich dann vor die Tür. Ein haushoher Haufen der schönsten Tannen lag vor ihm aufgeschichtet, und jetzt konnte er den Stall in Angriff nehmen"[107].

Oft kam es wegen Wald- und Holzfrevel zu einem eigentlichen Krieg zwischen zwei Dörfern. Frau Dolorata Berti-Elzi aus Bosco Gurin erzählte: „Em Tüesigninhundart, da Herbscht, het 's amaal Schturm gglitt, un te sen t Lid alli archlepft un hein gseit: Was escht loos, was escht loos, was escht ouw? De heint-sch ggseit: 'Tscharantijnar choman ta Ggurijnaru dar Waalt chu schtala! Schi sen einfach em Gganta chu metta Bialanu un hein tar Waalt gghöuwwa. Un te sen t Manna all ggang-ga met Beggsa, un tar Eltschtu vam Doorf escht voranniggang-ga mettar Beggsu un ts Bajonet ufun bBeggsu. Wia 'Tscharantijnar hein ggsea, da(ss)-sch 'Ggweri hein un ta(ss)-sch Aaranscht hein, hemna en d Angscht ggsin, un te send-sch alli en kChelchu ggang-ga wa dar Heilig un sen gga battu, dass doch ned appus ggscheaja. Un zum Glekch es 's düa güat ggang-ga."

„Im Jahr 1900, im Herbst, läutete es einmal Sturm, und die Leute erschraken alle und fragten: Was ist los, was ist los, was gibt es denn? Da hiess es: Die Cerentiner kommen und stehlen den Gurinern den Wald! Sie kamen einfach em Gganta mit den Beilen und schlugen den Wald.

Da machten sich sämtliche Männer auf mit ihren Gewehren, und der Dorfälteste ging voran mit dem Gewehr und dem Bajonett auf dem Gewehr. Als die Cerentiner sahen, dass sie ihre Gewehre bei sich hatten und dass es ihnen Ernst war, flohen sie und liessen den Wald in Ruhe. Die Frauen daheim aber waren in Angst und gingen alle in die Kirche zum Heiligen und beteten, dass doch ja nichts passieren möge. Zum Glück lief es gut ab"[108]. Eine zweite Sage verdeutlicht das Geschehen: „Dar Echi Hansuntuni escht scho feri ggsin e da Jaaru, wia 'Ggurijnar metta Tscharantijnaru wagum Waald em Gganta hein kchriagat. Abar ar escht der ggsin, wa de het tian ti grooss Ggloggu z litan un wa t Manna het zamanpriapft. Abar ned aba t Manna, öuw t Wijbar heint-schi zwa(gg)-ggmachut.
T Manna hein er Beggsa ggead un t Wijbar Meschabla un Sagasa un was-na grad en 'Henn escht chu. As escht öuw net mee wa racht ggsin, dass dar Echi Hansuntuni escht vornadra ggsin, waga ar het ja ggwesst, wia-mu tüat chriaga. Der werd ufum Wag ubar 'Tscharantijnar appus pallud un ggflüachut ha! Abar bBuradoora heint-schi uissrum Schtöp ggmachut, no vor 'Ggurijnar em Gganta sen ggsin. Wia 'Ggurijnar hein ggsee, dass dar Fian üis un trüis escht, sen schij öuw amandarscht zrugg. En 'Pögga heind-schaschi no dartaa, fer z Aaban z assan, waga schi hein t Wijbar un 'Techtra der 'Plekchu har ggsee chu met Ggaffe. Schi hein tüa grat no aabggmachut, en 'Pööge as Chritz üffzschtellan. Ts Chritz escht nüw no daa. As het zwee Beggsa drüff, dass-mu ggseeja, fer was-mu 's het daataa."

„Onkel Hansuntuni war schon vorgerückt an Jahren, als die Guriner mit den Cerentinern wegen des Waldes am Gganta Krieg führten. Aber er war es, der die grosse Glokke läuten liess und die Männer zusammenberief. Doch nicht nur die Männer, auch die Frauen machten sich bereit. Die Männer nahmen ihre Gewehre und die Frauen Mistgabeln und Sensen und was ihnen gerade in die Hände kam. Es war auch nicht mehr als recht, dass Onkel Hansuntuni voranging, denn er wusste ja, wie man Krieg führt. Der wird unterwegs über die Cerentiner geschimpft und geflucht haben! Aber die Holzfäller machten sich aus dem Staub, noch bevor die Guriner em Gganta ankamen. Als die Guriner sahen, dass der Feind über alle Berge war, kehrten auch sie wieder um. En 'Pögga lagerten sie sich, um zu Mittag zu essen, denn sie sahen die Frauen und Mädchen mit Kaffee durch 'Plekchu herkommen. Sie verabredeten dann gleich noch, en 'Pögga ein Kreuz aufzustellen. Dieses Kreuz ist jetzt noch dort. Es sind zwei Gewehre darauf, damit man sieht, weshalb man es hingetan hat"[109].

Die starken Männer im Walde

Ein beliebtes Sagenthema ist der starke Mann. Solche Männer waren imstande, Tannenbäume, „so ring wie Haglatten", zu tragen. Das gilt etwa für Hans Vinz, der angeblich vor hundert Jahren in Yberg-Hinterschwyz gewohnt hat, und der, wie seine zwei Töchter, Riesenstärke besass[110]. Nach einer Walliser Sage zogen einmal „drei Söhne einen Zimmerbaum daher, den sie nur mit grösster Mühe vorwärts brachten. Der alte Vater, der ihnen vom Hause aus zusah, ärgerte sich darüber, ging, auf seinen Stock gestützt, hin, jagte die Söhne vom Baume und sprach: ,Ihr unnützen Buben habt das Brot umsonst gegessen', und zog allein den Baum"[111].
Besonders stark waren die alten Palfrieser: „Der Stärkste dieser Starken war der Benedikt. Einst trug er ein gewöhnliches Fass Salz vom Tale aus, ohne auszuruhen, auf dem Rücken nach Palfries (drei Stunden). Noch grösser aber waren seine Leistungen beim Bau des grossen Hauses. Da trug er das dicke, 50 Fuss lange ‚Hauptträmt' der Stuben- und Küchendiele allein auf dem Rücken aus dem Walde zur Baustelle — eine Last, an der jetzt vier baumstarke Männer verzweifeln würden"[112].
Doch auch im Walliser Wald gab es starke Männer. Rudolf Schnidrig aus Grächen erzählt: „Hier in Grächen, zum hohen Stadel, lebte einst eine Mutter mit drei Söhnen. Da kam eines Tages ein fremder Schwinger mit aufgesteckten Federn und hochnäsigem Benehmen. Er wollte diese Söhne herausfordern. Die Mutter bat ihn zu warten, die Söhne seien jetzt nicht grad da, sie arbeiten im Wald. Da fragte er sie, wer von allen der stärkste sei. Das wisse sie wirklich nicht; nur wenn sie Butter einsiede, trinke einer

eine Hand tiefer aus dem Gefäss als die andern. Nun kamen die Söhne, jeder mit einer ausgerissenen Tanne auf dem Rücken hinauf. Zuerst wollte niemand mit ihm schwingen, sie betrachteten ihn nur. Schliesslich begann doch einer, drückte ihn aber so an sich, dass der andere blau (heibberschblau = blau wie Heidelbeeren) wurde und flehte: ,Um Gottes Willen, lass mich los!'"[113].

Oft ging es den Sagenerzählern nur darum, ihren Zuhörern weiszutun, von welcher grossen Kraft die Leute des eigenen Dorfes einst gewesen seien. Johann Florin Cavigelli (1881–1947) erzählte: „Seth hat auch starke Männer gehabt. Bei den Kreiswahlen massen sich die Stärksten von Ruis und Seth an der Spitze ihrer Anhänger und gaben so den Ausschlag. Der Allerstärkste war einer von Seth; der packte einen Ruiser und schlug mit diesem auf die anderen los. Stark waren sie schon! Zwei Männer von Ruis luden eine buora (Block). Sie hatten ihn schon auf dem Wagen, da sahen sie einen Lumnezer kommen. Sie luden den Block wieder ab und riefen ihm: ,So, jetzt zeige deine Kraft!' Der Lumnezer hat den Block mit der Waldhacke angespiesst, ihn hochgehoben und mit solcher Gewalt auf den Wagen (carpien) niederfallen lassen, dass dieser in Stücke gebrochen ist. ,Ein andermal lasst den geladenen Block, wo er ist!' sagte er noch und ging seines Weges"[114].

Ganz ähnlich lautet eine Sage, die Bistgaun Carisch (geb. 1895) aus Schnaus erzählte: „Der Urahn, das ist ein Kerli gewesen. Einmal kam er in den Wald beim Spiz, bei der untern Mühle. Dort mühten sich sechs Männer, einen Block auf einen Rädig zu laden, aber sie hend ne nid möge. Er sagte zu ihnen: ,Lasst die Hände davon, iär sind Göölibuebä!' und hat die Waldaxt bis ins Gehäuse in den Block geschlagen, hat diesen am Zappinstiel vom Boden aufgehoben und ihn auf den Rädig geschmettert, dass er zusammenkrachte und ein Rad dahin, das andre dorthin sprang. Die Räder hatten damals noch keine eisernen Reifen. Da liessen die sechs Männer gelten, dass sie im Vergleich

mit unserem Urahn nur Buben an Kraft seien"[115]. Die
Kraft der Alten wurzelte durchaus im Diesseitigen. Die Sagenerzähler säumen nicht, das immer wieder zu erklären, und einzelne Sagenerzähler nennen auch den Grund ihrer Stärke: die übermässige Milchnahrung. „Sie rührten sich nur, wenn sie rochen, dass die Mutter Anken einsott. Dann belagerten sie die Küche, tranken einer nach dem anderen von der frisch geschmolzenen Butter, und salbten erst noch Arme und Rücken damit ein"[116].

Oft wurde mit der Stärke ein wahrer Kult getrieben. So erzählte Carli Candinas (1879–1954) am 11. März 1954, was er von seiner Mutter, die aus Mompé stammte, gehört hatte: „Da waren zwei starke Männer, einer in Vrin und der andere in Ilanz. Dann ist der von Vrin eingeladen worden, nach Ilanz zu gehen, um den anderen Herox zu besuchen, zu sehen, wie er ausschaue. Und dann hat der von Vrin dem Ilanzer die Hand gegeben und ihm dabei die Finger zerquetscht, dass das Blut herauskam. Der von Ilanz wollte dem Vriner die Hand nachher nicht mehr geben.

Ich habe im Lugnez gearbeitet, und dort erzählte man von zwei starken Brüdern im Sankt-Peters-Tal. Die hätten ein Haus gebaut, zuoberst am Bergabhang, und grüne Baumstämme, die sind schon schwer, die Halde hinaufgetragen, um das Haus selber aufzustellen. Dabei sanken sie bei jedem Schritt bis zum Knöchel in den Boden hinein, so drückte das frische Bauholz"[117].

„Es geischtet" ...

Völlig anderer Art sind die Wildleute, Wild- oder Erdmännchen, die Fänggen, Waldfeen; sie halten sich ebenfalls im Walde auf, gehören aber im Gegensatz zu den starken Männern der magischen Welt an. Da geht es um eigentliche Zaubersagen, und diese haben ihren Grund in der zauberischen Weltanschauung. Im Munde der Sagenerzähler, die noch dem magischen Denken verhaftet sind, werden selbst alltägliche Geschehnisse, wird selbst die Beschreibung der Landschaft zauberisch, mythisch, wird sie zur mythischen Landschaft. Der Wald wird in diesen Sagen zum Zauber- oder Hexenort, zum verrufenen, unheimlichen Ort, den man lieber meidet[118]. In der Waldeinsamkeit, im nächtlichen Dunkel lauerten böse Geister, die Menschen schreckten. Trotz klarer christlicher Gottesvorstellung und trotz aller Aufklärung blieben die dunklen Mächte und Bedrängnisse. Da sie Gott nicht zugeschrieben werden konnten, aber doch die Überzeugung bestand, jedes Missgeschick gehe auf die bösen Absichten eines persönlich gedachten Wesens zurück, legte man alles Ungute menschlichem Übelwollen zur Last. Vom Teufel verführt — oft erscheint er persönlich —, wird böser Wille eines Menschen mit übernatürlichen Fähigkeiten des Schadenstifters ausgestattet. „Mit den antiken Göttern teilt er die Allgegenwart — Hexenvolk kann gleichzeitig an verschiedenen Orten zugegen sein ... Es kann sich wie Zeus oder Athene verwandeln: in Tiergestalt, in Katze, Fuchs, Pferd, Werwolf, Eichhorn, Ameise, auch in einen gefällten Baumstamm ..."[119].

Das grosse und viel abgewandelte Motto lautet: „Es geischtet". So heisst es in einer Sarganser Sage: „Im Harzloch, mä hät em d Glashüttä gsäit, det häts dinn ghäisä, äs tüeg gaischtä. Ämol isch a ganz a wyss aagläits Wybervolch in säb Huus yhi. Das isch undän ufä chuu. In dr Glashüttä hind si gsi Gäischter umälaufä. Bäid Sortä, Wybervolch und Maanävolch"[120].

Die Geister können längst verstorbene Holzfrevler sein. Sie erscheinen mitunter in der Gestalt des Teufels. Die 60 Jahre alte Urnerin Marie Ziegler erzählte, dass die Leute von Sisikon oft, und zwar „am lauterhellen Tage Holz hakken im Buggital. Zuerst wusste sie nicht, was das sein möchte, dann kam es einem in den Sinn, das sei sicher jenes arme Mannli, das habe gewiss Holz gefrevelt und müsse jetzt wandlen. Diese Vermutung, kaum ausgesprochen, verbreitete sich und verdichtete sich zur Gewissheit, es gab ein heilloses Geschwätz. Einst fuhren da einige Sisiker mit einem Pater Kapuziner vorbei, der nach Sisikon kommen wollte, um zu predigen. Da liess sich der Holzhacker hören, und die Männer sagten spöttisch zu einander: ‚Ähä, mä g'hert-ä wieder bäckä!' Der Pater liess sich ihre Rede erklären und das Gerücht erzählen und stieg aus, um sich den Holzhacker anzusehen. Als er zurückkam, sagte er, es sei der lebendige Teufel gewesen, der habe die Leute zu verleumderischen Reden verführt und so in sein Garn jagen wollen. Von da an liess sich der Holzhacker nicht mehr hören, der Pater hatte ihm das Handwerk gelegt"[121].

Ganz ähnlich lautet eine andere Urner Sage. Sie wurde von Josef Maria Aschwanden erzählt: „Schon oft hatten die Pächtersleute auf Beroldingen in ihrem Wald ‚Einen' gehört Holz hacken. Sie glaubten, es sei ein Dieb, und stellten ihm fleissig nach. Trotz aller List, die sie anwandten, konnten sie ihn doch nie ertappen. Dass sie bald den einen, bald den anderen Bürger von Seelisberg in Verdacht hatten, lässt sich denken. Da riefen sie einmal den Pfarrer von Seelisberg, den frommen Peter Furrer. Während sie ihm klagten, richtig, da liess sich der Holzdieb wieder hören, am lauteren hellen Tag, und sie sagten zueinander: ‚Ähä, mä g'heertä wieder einisch bäckä!' Der Pfarrer fragte: ‚Wollt Ihr ihn sehen?' Und als sie bejahten, befahl er dem Pächter, ihm über die rechte Achsel zu schauen. Er tat es und bemerkte, dass der vermeintliche Holzdieb Hörner hatte. Der kluge Seelsorger versäumte nicht zu belehren: ‚Merket Euch, so säet der Teufel Argwohn!'"[122].

Recht häufig erscheinen in den Sagen auch Wetterhexen oder Wetterdämonen. Ein schönes Beispiel aus der Urner Sagensammlung: „Mathilde Rämi aus Attinghausen ging einmal als junges Maitli mit einer Freundin in den Bodenwald, um dort Holz zu sammeln. Aber es war wie vergalsteret. Sie vergassen zu Hause den Gertel, konnten also nur mit unbewaffneten Händen arbeiten und obendrein kam es bald brandschwarz von ussä-n-innä. Da huschte auf einmal so ein Guschi an ihnen vorbei; es trug verblichene, ausgewaschene Kleider und ebenso einen Schinhut; blitzschnell machte es sich in das dichte Dorngestrüpp und fuhr wie ein Büchsenschuss durch das Gebüsch hin. Sofort fielen vom Himmel schwere Tropfen wie Zweiräppler. Die Mädchen machten sich schleunigst davon und kamen in kürzester Zeit abends zu Hause an, waren aber schon flätschbachnass und froren wie die Hunde.

Solches hat mir 1913 die 70jährige Mathilde Rämi selber erzählt, und hat behauptet, das sei ganz gewiss eine alte Hexe gewesen"[123]. Auch einer 80jährigen Witwe von Seedorf begegnete ein „wüstes, schwarzes Guschi in uralten Kleidern. Statt des Hutes trug es ein Zeintli auf dem Kopf ... Noch vor Sonnenuntergang kam ein schreckliches Hagelwetter ... Zur nämlichen Stunde hat auch ein Geissbub, der in der Nähe von Scharti die Ziegen hütete, so ein Guschi gesehen. Das Hagelwetter tat so unverschämt, dass die Rübenen überall losbrachen und alle Wege ruinierten"[124].

Hier geht es zweifellos um den seit alten Zeiten immer wieder unternommenen Versuch, das Wetter zu personifizieren. In religiöse und tiefergründige Sphären führt uns die folgende Sage; sie stammt ebenfalls aus dem Urnerland: „Aus einem dunklen Tannenwald vernahm einst jemand einen wunderlieblichen, fröhlichen Gesang. – ‚Jä, doch äu ä prächtigä G'sang, äs heig-ä grad g'lipft.' – Er ging hin und hörte die Stimme in einer Tanne. ‚Das ist eine arme Seele', ist sein erster Gedanke, und er spricht sie an. ‚Ich bin so fröhlich', offenbart nun die arme Seele, ‚weil ich bald erlöst sein werde. Seitdem ich da leide und büsse, ist dieser Wald neunmal gefällt worden und neunmal wieder aufgewachsen. In dieser Stund aber ist ein Vögelein mit einem Tannzapfen im Schnabel vorbei geflogen, ein Samenkorn davon wird zur Erde fallen, wird Wurzeln schlagen und zu einer Tanne aufwachsen, diese wird man fällen, wird Bretter daraus machen und aus den Brettern ein Totenbäumchen zimmern für ein unschuldiges Kind. Dann werde ich erlöst sein und zu ewigen Freuden eingehen'"[125].

Dass sich arme Seelen nach dem Tode unschuldiger Kinder sehnen, ist nach dem Sagensammler Müller ein „im

Volk tief eingewurzelter Glaube", der sich auch in mehreren anderen Urner Sagen ausspricht. Dazu ein Beispiel: „Ein Mann arbeitete im Walde am Holz. Da kam ein hübsches Vögelein herbeigeflogen und setzte sich auf ein Ästlein einer Grotze, dann flog es lustig zwitschernd und singend von einem Ast zum anderen. Bald aber liess es wieder Köpfchen und Flügel hangen und trauerte. So machte es den ganzen Tag. Der Mann hatte Erbarmen mit dem Tierchen und fragte endlich, ob es wirklich ein Vögelein sei. Da fing es an zu reden und sagte: ‚Nein, ich bin eine arme Seele, die hier wandeln muss. Seitdem ich hier angefangen habe zu büssen, ist dieser Wald neunmal gefällt worden und neunmal wieder aufgewachsen.' Aber warum es denn bald lustig, bald traurig sei. ‚Ich bin traurig, wenn ich an mein langes Leiden, lustig, wenn ich an meine baldige Erlösung denke. Siehe dieses junge Grotzli! Wenn das ausgewachsen ist, werden sie es fällen, werden Läden daraus sägen, und für ein unschuldiges Kind einen Totenbaum daraus fertigen. Dann werde ich erlöst sein'"[126].

Gross ist die Zahl der Sagen, die sich mit Baumfrauen und Baumfeen befassen. Wir bringen ein Beispiel aus dem Haslital: „Mii Vater hät erzellt: Äs heig e Bur es Jümpferli gha. Einisch sige si bim Mittagässe gsi. Du verbrichti dr Chnächt, im Vormittag heig er jetz öppis erläbt; das gäb ihm doch frei e chli z'sinne. Wo=n=er dür e Wald gange sig, ghör er eismols e Stimm: ‚Säg em Liriläri, dä und dä uf em dürren Ast sig gstorbe.' Dr Vater het ihm albe dr Name gä; aber i ma mi nümme dra erinnere.

Drufabe heig das Jümpferli schützlig afo pläre, sig zur Stung uf u furt u nümmen umecho"[127].

Waldfeen

Das Männchen und die Magd gehören nach Sooder zum Wald. „Vielleicht sind es Wesen, die in Waldbäumen wohnen. Zwischen Baum und ihrem Leben besteht ein geheimnisvolles Verhältnis. Ähnlich wie in den weitverbreiteten Sagen der Tod des Männleins angesagt wird, erscholl im alten Griechenland über das Meer der Ruf: Der grosse Pan ist tot! und viele Stimmen klagten: Pan ist der Herr, der Gott des Waldes! Mit ihm lebten die Dryaden, die Baumfrauen, mythische Wesen, die sich im Wald aufhielten." Solche Baum- oder Waldfeen gab es auch im Engadin. Das Volk romanischer Zunge nannte sie „Dialen". Es waren schöne, zierliche Frauen, sie trugen lange, herabwallende, weisse Gewänder; naseweise Leute meinten, weil sie Ziegenfüsse hätten. Jedenfalls aber waren es gar gutherzige Wesen, die überall zugriffen, wo helfende Arme fehlten. Aus ihren Feldwohnungen roch es verlockend nach Frischgebackenem, und oft teilten sie Hungrigen von ihrem Überfluss mit. Darum fürchtete sich auch niemand vor ihnen wie sonst vor Wildleuten, und sie waren ganz zutraulich, bis böse Menschen sie auf immer vertrieben. „Einmal war eine Bauernfamilie an einer sonnigen Halde beim Kornschneiden. Den ganzen Morgen wurde fleissig gewerkt, und als gegen Mittag vom Wald herunter ein Duft von leckerem Erdbeerkuchen strich, verspürten die Kinder mächtig Lust darnach. Und siehe, einmal, noch ehe sie sich wieder auf die Garben bückten, lag am Boden ein blütenweisses Tuch ausgebreitet. Da war Speis und Trank aufgetischt, und darumher blitzte es nur so von silbernem Besteck.

Unter den nahen Tannen aber standen zwei Dialenfrauen, die munterten freundlich zum Zulangen auf, mit ihrem

,iss und lass!', das wollte sagen, man sollte sich gütlich tun, das Geschirr aber nicht antasten.

Und die hungrigen Leute zögerten nicht lange. Sie lagerten sich und sprachen den guten Sachen wacker zu. Allein der Knecht war ein verschlagener Bursche. Der brachte die schielenden Augen nicht weg von dem Silber, und kaum hatte er den Mund gewischt, schlüpfte seine Hand mit dem glitzernden Löffel in die Tasche. Doch sogleich sprang er mit einem Schreckensruf auf die Beine und fuhr sich über die brenzlig rauchende Hose. Da fiel der silberne Löffel, der in der Tasche glühend geworden war, zu Boden, und, hast du nicht gesehen!, war das schöne Tafeltuch mitsamt dem Gedeck und allen Gerichten in die Stoppeln hineingesunken.

Und seither sind in jener Gegend die Dialen verschwunden, aber auch anderswo ist es ihnen mit den Menschen nicht besser ergangen"[128].

Von einer grünen Waldfee ist auch in den Sagen des westschweizerischen Juras die Rede[129]. „Es gibt bei uns kaum irgendwo so unabsehbare Tannenwälder wie in den Freibergen. Und in früheren Zeiten waren sie dort noch grösser und jungfräulicher als heutzutage. Als im 14. Jahrhundert der Fürstbischof von Basel, Imier von Ramstein, den Ansiedlern, die sich in jener Gegend ansässig machen wollten, besondere Freiheiten verhiess, wurden breite Lichtungen in den Forst gebrannt. In diesen erheben sich jetzt schöne Dörfer, umgeben von ausgedehnten Weiden.

Aber grosse Flächen des Waldes sind stehengeblieben. Da sieht man noch ungeheure Stämme, Hunderte von Jahren alt, wie in den Forsten von Les Pommerats oder von Brandisholz. Diese riesigen Tannen boten lange Zeit einem zierlichen Wesen Schutz, das beim Volke die ‚grüne Fee' hiess. Von ihr berichtet die Sage.

Diese Tannenkönigin der jurassischen Freiberge, sie hat alle entzückt, die sie zu Gesicht bekamen. Ihr Gewand schimmerte in verschiedenen Farbtönen, aber stets war es ein Grün: bald das dunkle der Tannen, bald das hellere der

Wiesen, dann wieder das feucht-frische des Mooses, oder das saftige Grau-Grün des tauben Hafers. Freigebig, ja verschwenderisch wandte sie den sittsamen und fleissigen Mädchen ihre liebevolle Aufmerksamkeit zu. Dagegen war sie sehr streng mit den leichtsinnigen, spielerischen. Und am meisten hasste sie die eitlen und allzu putzsüchtigen.

Auf dem nahen Schloss wurde eine Hochzeit gefeiert. Die Tochter des Herrn, eine reiche Erbin, vermählte sich mit einem Junker aus der Nachbarschaft, ihre Güte und Leutseligkeit hatte sie beim Landvolk gar beliebt gemacht, es konnte die Tugenden und Vorzüglichkeiten des Fräuleins nicht genug rühmen.

Nach altem Brauche erwählten die jungen Leute der Gegend am Vorabend der Festlichkeiten fünf Mädchen aus ihrer Mitte. Sie sollten der Braut ihre Glückwünsche und dazu ein weisses Lamm überbringen. Die hübschen Botengängerinnen wurden vom Burgherrn eingeladen, diesen

Abend an der Hochzeitsfeier teilzunehmen. Eben, als es am höchsten herging, und alle in fröhlichster Stimmung waren, sah man unter den Geladenen plötzlich eine anmutige Frauengestalt erscheinen. Sie trug ein dunkelgrünes Kleid von fremdartigem Schnitt, und ihr Gesicht war von einem Schleier derselben Farbe überhüllt. Die feine Unbekannte hatte für jeden ein freundliches Wort, als ob ihr die Anwesenden alle von lange her vertraut wären. Das reizte die Neugier, zu erfahren, wer sie wohl sei, noch mehr. Indem sie so die festliche Gesellschaft in freundlichem Gespräch durchschritt, überreichte sie jeder der fünf Bauerntöchter ein Tannenzweiglein. Sie behielten es eine Weile in der Hand, um es darauf achtlos wegzuwerfen. Nur eine von ihnen hob es als Andenken sorgsam auf. Als das sinnige Mädchen am anderen Morgen das Tannenreislein daheim wieder vornahm, funkelte es in ihrer Hand: es war zu lauterem Golde geworden. Umsonst liefen ihre gedankenlosen Gefährtinnen nach dem Schloss zurück, um das am Abend vorher missachtete Geschenk zu suchen. Sie fanden ihre Zweiglein nicht mehr"[130].

Hexen im Wald

Mit Hilfe des Teufels können sich Hexen in Tiere, vorab in Füchse, Katzen und Schweine verwandeln. Jakob Grünenfelder aus Weisstannen erklärt dies folgendermassen: „Diä Függs heigen än äxterä Bligg gka, heigen d Jeiger styf und fescht aaglueget, aifach nid us em Aug gluu, ass si uuhäimli wordä seien und drvuu sind und nid gwouget hind z schüüsä. Dr Glaubä isch ggangä, winn män ufenä sötigä Fuggs weil schüüsä, chäm dr Schutz zrugg. Das sind aber nüt as Erfindigä vu dä Wilderer, ass nä minder noi ggangä würt. Dm Regierigsrout Grüenäfälder dr Vater hät üs dinn derä Gschichtä verzellt"[131].

Von einer solchen „Fuchshexe" berichtet eine Sage aus Ems im Oberwallis: „Ein Emser Jäger ging in der Nacht an den Ort, wo er den Füchsen gebeizt hatte. Er stand noch nicht lange auf der Lauer, als sich ein Fuchs näherte. Als der Gierige an der Beize leckte, schoss er ihn tot. Da dachte er, da es noch früh in der Nacht war, er beize nochmals, vielleicht sei noch einer in der Nähe. Nicht lange ging es, kam der zweite Fuchs. Er schoss ihn auch und legte ihn zu dem ersten in den Stall. ‚Jetzt will ich gehen', sagte der Jäger, ‚wo ich schlafe, ist gleich, im Stall oder im Haus'. Bevor er ging, lugte er noch einmal scharf aus, und da hörte er schreien. Der dritte Fuchs war an der Beize. Er dachte aber, das sei kein gutes Zeichen, wenn das dritte Tier schreiend an die Beize heranschleiche. Er schoss, traf aber nicht tödlich. Das verwundete Tier schrie nun ganz laut, und da entliefen die zwei Toten dem Stall, und alle drei machten sich davon. Der Jäger blieb aus Furcht ob dem, was er gesehen, die ganze Nacht im Stalle. In der Frühe aber ging er der Spur nach. So weit die Heimgüter reichten, waren es Fuchsspuren, nachher aber Weibertritte, die nach Turtmann führten. Vor einem Hause sah er zwei weinende Kinder. Als er fragte, was ihnen fehle, sagten sie, die Mutter sei in der Nacht schwer verwundet nach Hause gekommen und liege nun krank zu Bette. Der Jäger wusste nun, woran er war"[132].

Die Hexe konnte auch als Hund erscheinen. Im Sarganserland kennt man den sogenannten Valaishund, der den Holzern und Geisshirten erschien: „Ein Geissler hat ob der Züri-Hütte oben Geissen gehütet. Muss offenbar ein ärmerer Bub gewesen sein. Am Abend hatte er stets noch eine Burde Holz nach Hause nehmen müssen. Da sei er auch wieder einmal auf einer Tanne oben gewesen, um dürre Äste herunterzuschlagen, und auf einmal springen ihm alle Geissen zusammen. Unter dem Baum. Enger hätte man sie nicht anbinden können. Und er schaue und sehe einen Hund neben ihm hinunterspringen. Das sei ein ganz schwarzer Hund gewesen, und der habe einen ganz runden Kopf gehabt, und vorne dran habe er ein Auge gehabt – so gross wie ein halber Hut. Der Hund sei hinunter und beim Stein vorbei, und sei nach Mels in das Ratshaus hinein. Der Geissler sei so erschrocken, habe sich an der Tanne festgehalten, dass er nachher Rinde unter den Fingernägeln gehabt habe. So habe er sich in der Angst festgeklammert"[133].

Hexen können sich auch in Baumstämme verwandeln. Der Schreiner Luregn Cavegn (1873–1945) aus Vella erzählt: „Ein Jäger von Vrin ist im Winter in die Alp Cavel auf die Jagd gegangen. Da sah er einen Fuchs, der lief ihm immer voraus in einer Distanz, dass der Jäger nicht schiessen konnte. Dann kam er in ein Gebiet von Steinblöcken, und er geht der Spur des Fuchses nach zwischen diesen Steinen. Und da hat sie plötzlich aufgehört im Schnee, und grad an der Stelle ist ein Tannenstrunk (couscha) gewesen, keine Spur mehr. Und denn het er sin Ring Tubak vüre ggnoo und ischt abgsesse uf dem Tannestock und hat Tubak gschnitzlet uf der couscha. Und wil er nüüt meh het mache khönne, ischt er umgkhehrt, heim. Aber unterwegs

ist ihm aufgefallen, dass auf der couscha kein Schnee gelegen hatte, während doch überall drei, vier Zentimeter lagen.

Das ha i ghöört erzelle vom Gieri Antoni Soler in Vrin. Z'Khur han i denn ghöört vom Aluis Baselgia vo Rabius und noch andern aus der Cadi – diä hend erzellt von ere Frau vo Disentis, glaub' i: Dia sei gfürchtet und von dr Khirche uusgschlosse gsi, wil mä si für e schliata (schlechte) dunna agluegt het. Dia hei erzellt, si hei vil duregmacht, aber niä so=n=en Angscht uusgstande wiä seb Mal, wo der und der vo Vrin Tubak gschnitzlet hei uf irem Khopf"[134].

Peter Antoni Caminada (1870–1951), Küfer und Senn von Beruf, erzählte diese Geschichte folgendermassen: „Ein Jäger von Silgin, das ist ein Hof vom Lumbrein, war auf die Alp Cavel auf die Jagd gegangen und hat einen Fuchs gesehen. Er hat auf ihn gezielt, ist aber nicht zum Schuss gekommen, und der Fuchs ist verschwunden. Den hat er nicht mehr gesehen. Nachher hat der Jäger einen Baumstrunk vor seinen Füssen gesehen und hat, eine Weile auf diesem Strunk sitzend, darauf Tabak geschnetzelt. Später hat er sagen hören, die Alte von Kästris, welche die Hexe gemacht, habe erzählt, dass sie vor einem Jäger habe fliehen müssen, weil sie sich in einen Fuchs verwandelt habe. Da habe sie sich in einen Baumstrunk verwandelt, um nicht niedergeschossen zu werden, und so habe der Jäger auf ihr Tabak geschnetzelt, ohne etwas zu ahnen." Arnold Büchli kommentiert diese Sage: „In dieser vor allem unter Jägern viel erzählten Sage bewährt die Hexe ihre zauberische Kunst der Selbstverwandlung. Hier wird sie nicht von der Hexengesellschaft zur Strafe in ein jagbares Tier verwandelt, sondern sie nimmt selber die Gestalt eines Fuchses an, wohl um einen Jäger zu narren, den sie nicht zum Schuss kommen lässt, indem sie sich unversehens in einen Baumstrunk verwandelt. Bei diesem Spass erfährt sie aber unerwarteterweise einen Schrecken oder gar eine Verletzung. Vermutlich ist diese Erzählung nur mehr ein Bruchstück von einer ursprünglich verwickelteren Geschich-

te, die in mehreren Verwandlungen eine ‚magische Flucht'
erzählte"[135].

Eine ähnliche Sage wurde vom 70 Jahre alten Johann
Josef Walker aus Meitschligen im Urnerland erzählt: „In einer Alp des Reusstales liess es dem Vieh nie keine Ruhe.
Sie schieben es einer Hexe zu. Endlich boten die Älpler das
ganze Volk der Umgebung auf, und dieses kam von allen
Seiten heran, schloss sich im Talboden zu einem Ring zusammen, um die Hexe darin zu fangen. Äs syg ä Wält Volch
bi=n=änand gsy. Doch die Hexe zeigte sich nicht. Nur einen Ronen, das heisst Baumstrunk, trafen sie, der am Boden lag. Dem traute niemand etwas Böses zu. Sie ruhten
aus, einige nahmen Käse und Brot hervor und fingen an zu
essen. Ein Bursche setzte sich auf den Strunk, steckte von
Zeit zu Zeit sein Taschenmesser hinein, bohrte und stocherte damit spielend im faulen Holz des Strunkes. Keine Hexe
liess sich blicken, und unverrichteter Dinge ging an jenem
Tage das Volk auseinander. Später wurde die Hexe doch gefangen und legte, bevor man sie verbrannte, das Bekenntnis ab, an selbem Tage, da sie die Gestalt eines Ronens vorgeblendet habe, sei sie in der grössten Lebensgefahr gewesen. Hätte der Bursche nur noch ein bisschen mehr gestochert, so hätte sie reden müssen, oder wäre von ihm erstochen worden"[136].

In Sedrun wurde folgende Sage erzählt: „Ein paar Männer von Sedrun waren nach Pardatsch gegangen, um Brennholz von ihrem Bürgerlos zu fällen. Wie sie anfingen eine
Tanne anzusägen, ist Blut herausgeflossen. Auf dem Heimweg hörten sie die Totenglocke läuten, und zwar in zwei
Runden, und da haben die Männer sofort gewusst, dass eine Frau gestorben war."

A. Büchli glaubte, diese Sage sei sehr alt. Die Tavetscher
fassten die blutende Tanne als verwandelte Hexe. „Indessen liegt hier die Erinnerung an die Dryaden der Griechen
und Römer zu nahe, als dass man die mythologischen Zusammenhänge übersehen dürfte"[137].

Ein Baumstrunk kann sich unversehens auch in ein

Grääggi, ein Gespenst, verwandeln. Anna Gretener-Grünenfelder erzählte: „Isch äinä über ds Toubel-Sepps Bärg ufi. Duä gsiet er ä Wurzästogg uf em Wääg liggä und seit zue si sälber: Där isch mier schu rächt. Är hät ä uf ds Räf pundä und isch wyters. Zmouls tunggts ä, där Choogä wärdi ä lingeri schwerer. Är sell blous mei dr Schnuuf überchuu haa und heig müessä abstellä. Sus wer er na verstiggt. Und blous heig er abgstellt gka, trouli där Wurzästogg mitemä gruusigä Gschräi in ds Valäis ahi. Das muess ds Grääggi gsii sy.

Ging einer über den Toubel-Sepps-Bärg hinauf. Da sieht er einen Wurzelstock auf dem Weg liegen und sagt zu sich selber: Der ist mir schon recht. Er hat ihn auf das Räf gebunden und ist weitergegangen. Auf einmal dünkt ihm, der Choogä werde immer schwerer. Er soll kaum mehr den Atem gefunden haben und habe abstellen müssen. Sonst wäre er noch erstickt. Und kaum habe er abgestellt gehabt, kollere der Wurzelstock mit einem fürchterlichen Geschrei ins Valais hinunter. Das muss das Grääggi gewesen sein"[138].

Lichter im Wald

In den Sagen gibt es häufig auch Lichterscheinungen im Wald. Im Jahre 1590, so heisst es in einer Lütolf-Sage, „lebte bei Horw im Bruderhäuschen der Eremit Peter Cunert. Er sah etliche blaue Lichtchen um sich, besegnete sich mit dem Kreuz, worauf sie verschwanden"[139].

In „verrufenen" Wäldern waren solche Erscheinungen manchmal von Musik begleitet. Das geschah auch im Kernwald: „Leute, die sonst den Weg so gut wussten wie daheim in der Stube, konnten hierdurch ganze Tage und Nächte herumirren, ohne einen Ausweg finden zu können. Während einem solchen nächtlichen Irrgang hörte ein Schneider eine angenehme Musik. Er erblickte Feuerlein und gelobte eine Messe, wenn sie ihm selber zünden würden, was sogleich geschah. Als es bereits Morgen wurde und die Betglocke läutete, befand er sich auf dem Etschi, einem Wiesengelände jenseits des Waldes"[140].

Von den „aufgeklärten" Sagenerzählern werden die Irrlichter „gebraucht", um zu beweisen, dass Sagen auf natürlichen Vorgängen beruhen und sich leicht erklären liessen. So können alte Baumstrünke, auch faulende Holzstücke, phosphoreszierendes Licht abgeben. Doch viele Sagenerzähler glauben, es handle sich — allen diesen Erklärungen zum Trotz — um die Seelen ungetaufter Kinder, um „Irrliächter" und „füürigi Maanä"[141]. Von einem feurigen Mann im Buchenwald berichtet die folgende Bündner Sage: „Auf den Kunkelser Maiensässen hatten die Bauern mit dem Heuet begonnen. Am Samstag nach Feierabend kamen dann die jungen Burschen und Mädchen in einer Hütte zusammen, um ein paar fröhliche Stunden in geselliger Unterhaltung zuzubringen. Wie gewöhnlich wurden zuletzt auch Geistergeschichten erzählt. Dabei tat sich ein Bauernsohn hervor, der die grausigsten Sachen zu berichten wusste, bis endlich Klaus, ein grosser, kräftiger Bursche, der als der beste Gemsjäger weit und breit bekannt war, von der Ofenbank her rief: ‚Hört einmal auf mit eurem Altweibergewäsch! Daran glaubt doch kein Mensch mehr.' Doch da stand der Erzähler von vorher vom Stuhl auf und erwiderte: ‚Ja, hier in der Stube über solche Dinge zu spotten, ist keine Kunst. Aber ich wette mit dir, was du willst, dass du es nicht wagst, heute um Mitternacht auf dem alten Weg durch den Buchenwald nach dem Alpsäss überuuf hinauf zu gehen.'

Der Jäger lachte laut auf und hielt dem Jöri seine rechte Hand hin. ‚Da schlag ein!' sagte er, ‚die Wette gilt. Wenn ich dir bis morgen nicht beweisen kann, dass ich noch in

dieser Geisterstunde den gefährlichen Weg gemacht habe, bekommst du meine nächste Gemse.'

,Und du erhältst von mir meine schöne weisse Muttigeiss umsonst, die du letztes Jahr gerne gekauft hättest, wenn du die Wette gewinnst', erklärte Jöri. ,Es gilt', antwortete der Jäger. ,Es ist gerade halb zwölf, und wenn ich tüchtig laufe, so komme ich gerade um zwölf Uhr in den Buchenwald. Spätestens um zwei Uhr morgen früh will ich mich in Tamins drunten melden, damit ich Zeugen habe, dass ich auch wirklich auf dem alten Weg gegangen bin.' Und sogleich ergriff der Jäger seinen Stock und pfiff dem Hund, worauf er den vorgeschlagenen Pfad einschlug.

,Ob ihm auch nichts zustossen wird?' fragten die Mädchen etwas kleinlaut. ,Das glaube ich nicht', entgegnete einer der Burschen. ,Denn ich habe ihm vorhin noch schnell ein Stücklein geweihtes Brot in die Tschopentasche getan, ohne dass er's merkte. Und sein Hund hat ja am rechten Hinterfuss einen Spoora mehr als andere. Da können die Geister dem Klaus nicht ans Leben.'

Am nächsten Tag erschien auf Kunkels der Vater von Klaus und berichtete, sein Sohn sei in der letzten Nacht um zwei Uhr ganz verstört nach Hause gekommen und habe sich sofort zu Bett legen müssen. Das Fieber habe ihn gepackt, und es sei nichts aus ihm herauszubringen. Drei Wochen dauerte es, bis Klaus wieder auf den Beinen war. Den Preis der gewonnenen Wette, die schöne Muttigeiss, die ihm Jöri schickte, schenkte er einer armen Witfrau im Dorfe.

Erst einige Jahre später vertraute er einem Kameraden auf der Jagd an, was er damals im Buchenwald erlebt hatte. Dort sei ihm, erzählte er, ein riesenhafter Mann erschienen, ganz in Feuer gehüllt. Der habe ihm gedroht und ausgerufen:

,Hettischt nit bei diä ghan gwichts Broot un a Spoorahunn, so chriägtischt denn wissi Geiss in dr Mitternachtstunn!'

Darauf habe ihn das Fieber angefallen, dass es ihn nur

so geschüttelt habe. Und wie er nach Tamins hinunter gekommen sei, könne er nicht mehr sagen"[142].

Für die Gestalt des feurigen Riesen wusste der Erzähler Jörimann keine Erklärung. Das Handwörterbuch des deutschen Aberglaubens gibt dazu einen Hinweis: „Die Vorstellung vom feurigen Mann ist nicht zu trennen von dem christlich-volkstümlichen Glauben an das Brennen der Totenseelen in der Hölle. Dem Volksglauben gilt der Feuermann als umgehender Toter, der seine Frevel büsst, besonders gerne als Grenzfrevler"[143].

Eine Sage von einem feurigen Mann ist auch aus Dardin überliefert: „In einer hellen Mondscheinnacht ging mein Grossvater von Dardin nach Brigels. Auf dem Weg nach dem Mühletal hinauf hat er plötzlich eine Flamme gesehen, die einem Baume glich. ‚Als ich genauer hinschaute, habe ich gesehen, dass es eine grosse Menschengestalt, ganz in Feuer gehüllt, war', hat der Grossvater erzählt. ‚Je näher ich kam, desto furchtbarer wurde sie, und ich fühlte mich hingezogen, mich ihr zu nähern und sie zu umarmen. Und in dem Augenblick, da ich die Arme ausbreite, stehe ich vor einem Baume, einer Birke mit ihrer schönen, weissen Rinde'"[144].

Das Totenvolk im Wald

Den Sagenerzähler erschienen indessen nicht nur einzelne, sondern — und dies nicht nur im Friedhof, sondern auch im Wald — ganze Scharen von Toten. So heisst es in den Zelleni us em Haslital: „Zwäi Gschwischterti, es Mäitli und em Bööb, häin am Birchlowwi bbärghewwed. Na em z'Nacht sii s'geng es Raschtli näg d'Hitte ge sitzen und häi bbrichted u dorfed u=s=siin derna i d'Näschterri ung ge schlafen.

Ais es Abends gheere si es Plapper und es Wachlen. Uf e Stäine sii Stäfzgi üüfchun, und Sprangi siin üüfggangen.

Äs ischd ds Nachtvolch gsiin.

Dr Bööb hed wellen ge=l=loögen. Aber d'Schweschter hed nen bim Schlufisermel ergriffen. ‚Gang nid! Old düü mööschd mid im gaan!'

Äs hed's ggän, das rra häim meessen mid dem Nachtvolch gaan, we si siin ge gwundren"[145].

In einer anderen Nachtvolksage aus dem Haslital begegnen sich gar zwei verschiedenartige Gespenster: Das Nachtvolk stösst auf den „Zwirgiriiter". Diese Erscheinungen waren so schrecklich, dass eines der beiden Mädchen, welche sie sahen, bald darnach starb: „Äs hed gnachted. Döö wän ingäänds Winters drii Mäitleni vun Gäisholz gäge=w=Willigen. Si siin dire Waald ab und zen enem Schiirli chun. Vun unnen üüfa sii rra o underwägs gsiin; si häi bbrimelled um bbrichted. D'Mäitleni häim ma gfirchted und springen hinder ds Schiirli. E=l=lenga, lenga Zug gäid verbii, uf e Stäine chlepfe Stäcken; Sprangi gän üüf, und alli brimellen und chaflen uber enandren üüs. Äs ischd ds Nachtvolch gsiin!

Aber wiiter embrüüf hed's o Lärme ggän. Es Ros sprenggd derhar. Döö gid's es weeschts Breel; ds Nachtvolch chunnd emzrugg z'brogslen; alli breelen uber enandren Loib. Alli driji sii chrank worden; äis ischd gstorben; dee andre siin umhi zwägchun.

En alta Man hed alls chennen üüslegen. Von unnen üüfe ischd ds Nachtvolch underwägs gsiin; von oben inha ischd dr Zwirgiriiter chun. Das ischd nid gööt chun; äs gid es griislis Wäsen, wen Gäischter enandren ebchemen"[146].

Völlig anderer Art ist das Nachtvolk im Wald, von welchem Augustin Janka im Sommer 1960 erzählte:

„Wa sch amä Härbscht d Innderalpä entladä ghä heind, hed emä Püür äs Rinderli gfähld. Duä ischt är zrugg gganggä üff d Innderalpä und het das Rinderli de fundä spaad am Aabed. Äs hed friä ggnachted, und de hed er dr Wägg nimmä fundä und hed im Waald miässä-n-ubernachtä. Das ischt bir Lumbreinersch Briggä gse. Der Püür hed grüüsig gfroorä. Duä gsiäd er in dr Nacht möüwiss ä Bandi Männer üf inn zuähä cho. Schi sind au im Waald bblibä und heind äs Fir gmacht, und desindsch ggang-gä, und jedä hed va dem feisstä Rinderli äs Breggli Fleisch aapghäüwä und heint das bbraatä am Fir.

Dr Püür hed in eim Wuät miässä zuäluägä, wiä diä daa das Tiär gmoordered und va schir Sach zuäbbraatled heind. Aber wil inn dr Hung-ger au tribä hed, ischt er de schliässli zuä nä und hed schi gfräägt, ob är au chennti äs Breggli Fleisch hä. Und de heindsch ne üssgglached und me gseid: „Äs ischt ja di Sach. Düu chascht machä, was d willt, ässä oder laa!" Und är het de noch äs Breggli va schim Tiär üssä ghäüwä und hed's am Fir bbraatä und hed's no mit Guscht ggässä, und diä leidä Wuäschtä heint derzuä desch verschmitztä ne üssgglached, und är hed nid amaal ggwissä, warum.

Vor lüter Hung-ger und Miädi isch das aarm Püürli de under 'rä Tannä-n-i änni ggnäpsed. Und wa-n-er ärwached ischt am Morged, se gsiäd er schins Rinderli wider vor imm, wiä wenn ächti nit gsche wää. Nü am Hinderlitt ischt äs Stuck aapghäüwä gse, wa-n-är sälber üssägschnittä het. Diä leidä Wuäschtä sind fort gse, und vam Fir hed mä nit mehr gseh."[147]

Zwerge im Wald

Im sagenumwitterten Wald gab es nicht nur Totenvölker und Hexen, Teufel und feurige Männer, sondern neben den schon genannten Feen auch freundliche Erd- oder Herdmännchen, Zwerglein, die — sofern man sie nicht hintergeht — den Menschen nur Gutes antun. Aus Hunderten von Sagen nur wenige Beispiele: „Auf der Binzholden und im Juch (bei Buus, BL) wohnten früher Erdmännlein und Herdweiblein. Sie waren klein von Gestalt und seien oft in das nächste Haus im Dorf ‚z Liecht' gekommen. Von ihren Füssen habe man nichts gesehen, weil sie lange Kleider trugen. Um die Form der Füsse zu erkennen, habe man einmal Asche gestreut. Darauf seien die Spuren von Gänsefüssen sichtbar geworden!

Einmal gingen die Herdleutlein in Buus in ein Haus, wo man gebacken hatte. Sie erhielten aber keine Wähe. Das vertäubte sie so, dass sie im Zorn das Haus verliessen und nie wieder erschienen.

Die Erdmännlein waren aber den Leuten wohlgesinnt und dienstbar. Sie halfen den Bauern bei der Arbeit und brachten ihnen wohlschmeckende Kuchen auf das Feld"[148].

Nach einer Sage aus dem Sarganserland „lebte in der Familie des Tschinnerbauern ein wildes Mädchen, das dem eigenen Kind so ähnlich sah, dass man die beiden nicht mehr zu unterscheiden vermochte. Ein mit Schnecken gefüllter Korb verschaffte dann Klarheit. Das wilde Mädchen klatschte überrascht in die Hände und rief: ‚So viel Ggugguserli habe ich noch nie gesehen und habe schon den Tschinnerwald neun Mal abbrennen und wieder auferstehen gesehen'"[149].

Besonders heiter, ja schwankhaft, mutet die Zwergleinsage aus dem Prättigau an, die Vernaleken notiert hat: „In Conters hütete ein wildes Männlein die Geissen. In das Dorf kam es nie, sondern nur bis zu einem Stall oberhalb des Dorfes, bis wohin man ihm die Geissen austrieb. Es nahm öfters Geschenke an und auch Kleidung, ohne deshalb sich zu entfernen. Die Schuhe trug es lange an den Händen, die Hosen an den Armen. Die Knaben von Conters hätten es gerne gefangen, um allerlei von ihm zu erfahren, aber es war ihnen zu schnell und sie konnten es nicht bekommen. Da füllten sie zwei Brunnentröge, die bei jenem Stalle standen, den einen mit rotem Wein, den andern mit Branntwein. Als der wilde Geissler nun abends zum Stalle kam, war der durstig und wollte trinken. Die Knaben hatten sich im Stalle versteckt und sahen ihm zu. Den Wein rührte er nicht an und sagte: ‚Röti, Röti, du bschiss'st (betrügst) mi nit.' Hingegen vom Branntwein, der die Farbe des Wassers hatte, trank er, und da fiel er dann berauscht um und schlief ein. Nun kamen die Knaben aus ihrem Versteck hervor, banden ihn und brachten ihn gefangen ins Dorf. Sie drangen dann stets in ihn, er solle ihnen dieses oder jenes Geheimnis mitteilen. Da versprach er ihnen einen guten Rat zu geben, wenn sie ihn zuvor in Freiheit setzten. Sie taten es und er rief ihnen zu: ‚Bim hübschen Wetter nemmet die Tschöpen mit ni und bim leiden haid er d'Wahl.' (‚Bei schönem Wetter nehmt die Jacken mit, bei schlechtem könnt ihr es halten wie ihr wollt.') Dann entfloh der Schalk und kam nicht wieder"[150].

Drachen, Bären und Füchse

Zahlreiche Sagen sind der Jagd und den Tieren gewidmet. Einmal werden Erlebnisse geschildert, ein anderes Mal wird recht hübsch fabuliert. Wohl die älteste Art dieser Sagen sind die Drachensagen. Bekannt und berühmt ist eine frühe Fassung des Luzerner Stadtschreibers Renward Cysat; er hat die Sage so notiert: „Anno 1609 hatte sich allhie jn der Matten J. Ludwigen Pfyffers by dem Bach, 2 Büchsenschütz wytt von der mindern Statt Lucern ein grüwlicher grosser Wurm sehen lassen, wie der Lehenmann desselbigen Guots, der jnne ettliche Mal gsehen, bezügt, das er über Hallmparten Lenge und jn der Dicke eins Mans Schenckel glych sye, wöllichs ein gross Verwundern bracht by allem Volck, und das er, so er der Menschen gwar werde, ein grüwlich Geschrey machte.

In dem volgenden 1610ten Jar zuo yngendem Meyen hatt sich dieser Wurm abermalen am selben Ort sehen lassen, er füerte mitt jme 6 Junge, deren einen guote Gsellen umbracht"[151].

Eine ältere Sage, sie wird ebenfalls von Cysat übermittelt, ist aufschlussreicher. Da erscheint — es war 1480 — nicht nur ein Drache, sondern auch sein Überwinder: „Es hatt sich ouch niemands wagen wöllen, denselbigen umbzebringen, bis letstlich ein starcker junger Landtmann — ein andrer Winckelried — so von ettwas Übertrettung wegen das Land myden müessen, sich anerbotten hatt, an dises grüwliche Tier sich ze wagen, dasselbig umbzebringen und das Vaterland von diser schwären Plag zuo erledigen, soever man jme das Land wider öffnen wölle. Alls nun jme dasselbig zuogesagt worden, hatt er sich an den Kampff gerüst, ein abdorretes junges Tannlin abgehowen, die Est uffgeschneittlet und abgespitzt, bis uff ein Spannen lang, und allso sich dem ungehüren Thier fürgestelt. Dies, da es jnne mitt ddisem Tannlin — dann er sonsten kein andre Wer, Rüstung noch Waffen ghept — bewaffnet ersehen, hatt sich uff ein höhers Ort, uff einen alten, abgestumpeten Stock oder Ronen geschwungen und vermeint, jnne mit einem starcken Schuss von oben herab zuo überylen und ze töden. Er aber, alls der sich der Gnad Gottes bevohlen, hatt sin Vortheil so vil gesuocht und angelegt, das er dises grüwliche Thier mit disem gestachleten Tannlin erschlagen und erlegt. Dessen hatt sich das gantze Land hoch erfröwt. Er hatt ouch von der Oberkeit Gnad und Verzyhung erlangt, ja jst dafürhin by mengklichem jn guotten Gunsten gehallten worden"[152].

Hier ist ein wohlbekanntes Schema zu erkennen: „So wie David mit einer primitiven, scheinbar unwirksamen Waffe vor Goliath steht, mit der Schleuder gegen den schwergewappneten Mann antretend, so steht auch Winkelried ohne ‚andre Wehr, Rüstung noch Waffen' mit einem abgedörrten Tännchen dem Ungeheuer gegenüber. Die Schleuder, das ‚gestachlete Tannlin', beides sind archaische Waffen. Man spürt etwas von dem Glauben an die Kraft des Ungewöhnlichen"[153].

Eine andere Drachensage stammt aus dem Urnerland. Ein Urner Gemsjäger fiel auf seiner Wanderung im hohen Gebirge in eine Höhle: „Er konnte nicht mehr heraus, denn die Wände waren glatt und überhängend. Seine Augen gewöhnten sich an die Finsternis und erspähten bald einen furchtbaren Drachen, der mit den Füssen sich an die Wände anschmiegte und die Feuchtigkeit aufleckte. Der Jäger erschrak zuerst, aber das Tier tat ihm nichts zuleide, es schaute ihn nur so an und deutete an, er solle auch am Felsen lecken. Weil er wirklich Hunger und Durst spürte, befolgte er den Wink und leckte mit seiner Zunge die langsam herabsickernde Flüssigkeit. Der Jäger gewöhnte sich an seine Nahrung und an das Tier als seinen einzigen Gespanen, der Leben und etwas Mitgefühl besass. So mochten viele

Jahre verstrichen sein, als einmal der Drache sich von der Wand herabgleiten liess, durch den Gang hinauskroch, dann seinen Kopf krachend hinausstreckte und die Vorder- und hierauf die Hinterbeine auf den Erdboden auflegte. Den Schwanz hängte er nach geraumer Zeit in die Höhle hinunter und machte allerlei Bewegungen, um dem Jäger anzudeuten, er solle sich dran hängen. Aber der verstand die Drachensprache nicht, und so flog das Tier allein davon. Jetzt beschlich den armen, einsamen Menschen in seiner Höhle ein furchtbares Gefühl der Öde und des Verlassenseins. Es war ihm, als ob sein einzig Freund ihm geraubt worden, ja es kamen ihm Tränen in die Augen." Später aber, so wird weiter erzählt, sei der Drache zurückgekommen, und eines schönen Tages habe er es doch gewagt, mit ihm auszufliegen. Das Tier habe seine Last behutsam auf den Erdboden niedergestellt, und der erlöste Jäger eilte nach Hause. Und die Sage fährt fort: „Aber wie war alles anders geworden. Von allen Menschen, die ihm begegneten, kannte er keinen einzigen. Vergeblich nannte er seinen Namen und gab sich für den Besitzer des Hauses an. Da gingen sie endlich zum Pfarrer. Dieser fand in den alten Büchern, dass vor 105 Jahren ein Gemsjäger seines Namens verlorengegangen war. 105 Jahre hatte er also in der Höhle in Gemeinschaft mit dem Drachen verlebt. Aber jetzt ging sein Leben rasch dem Ende zu. Er ertrug keine Speisen mehr. Nachdem er gestorben, schnitt ihn der Arzt auf und fand eine grosse Goldkugel im Magen"[154].

Viele Drachensagen gehören zu den Natursagen, das heisst, sie personifizieren Naturgewalten. Das gilt auch für die Sage, die der Bündner Balthasar Calörtscher (1867–1945) erzählte: „Das hed inschi Mamä vilmaal gseit, die Altä heigend erzellt: es sigg amaal ä Drachä daa usem Ggärääetobl ussä cho, gflogä, ä grossä, schwarzä Drachä, mit Fligl und eme leng-ge Schwanz. Und ales, was er mit dä Fligl oder mit dem Schwanz bbriärt heig, miäs mit dr Zitt in ds Tobl ab kiä.

Das het dr Ehni schinem Sunn und dr Sunn schinem

Ehnikli erzellt. Ou ds Huus vo minem Vatter und viruus dr Stall ischt nooch am Tobl zuächi. Dr Stall chennti ou amaal in dr Tobl ab schlipfä. D Rifi grift albig witer umenand. Drum hentsch ou miäse die neuw Straass verleggä, und jetzt stähnt ds Huus und dr Stall uf 'm Boord zwischet dr Straass und dr Rufalä. Aber vo dr alte Straass gseht mä noch a par Muurreschtä und Wäggsteinä, wo bald ou in ds Tobl ab troolend"[155].

Dass diese Sage bis vor kurzem noch erzählt wurde, bestätigte am 15. April 1952 eine Schwester von Balthasar Calörtscher; sie sagte, als die Rede auf diese Drachensage kam, ohne Besinnen: „I hän kheert, ds Huus uf'm Boord tiäg niä abbrennä. Das heig amaal ä Drachä mid em Schwanz bbriärt. (Zum Bruder gewendet:) Das het ds Anneli gseit. Das chunnt vo dr Mamä nahä." Und noch am 7. Mai 1963 wiederholte der Sohn von Balthasar, Revierförster Daniel Calörtscher, die Sage vom Drachen.

Das Carreratobel war immer der Kummer der Gemeinde, und die Rüfe richtete an der Strasse, an den Gütern auf der Terrasse von Carrera immer wieder neuen Schaden an. Es ist deshalb nicht verwunderlich, dass die Anwohner, die bei einem Unwetter den Bach mächtig aus der dunklen Schlucht hervorbrechen und sein Wasser wild den Fall herunterschiessen sahen, sich Drachen vorstellten[156].

Von anderer Art als die Drachensagen sind die Bärensagen. Da handelte es sich wohl im Grunde um reale Gegebenheiten, die mit mehr oder weniger Phantasie ausgeschmückt werden konnten. Hiezu nur einige Beispiele: Im September 1798 erlegten die Jäger Johannes Brunner ab Umlet, Martin Bader vom Unteren St. Romai und Jeremias Vogt von Lauwil auf dem Geitenarm einen Braunbären. In der mündlichen Überlieferung wird die glückliche Jagd in verschiedenen Varianten erzählt: „Als bekannt wurde, dass ein Bär in der Gegend sei, machte sich der riesenstarke Ramstebänni (Bernhard Steiner ab dem Ramstein), von welchem manche Kraftstücklein im Hinterlande erzählt werden, mit der Flinte auf, den Bären in der angegebenen Gegend zu suchen.

Er stösst auch wirklich auf ihn und trifft ihn. Wutentbrannt reisst der Bär schnell eine Tannenwurzel aus dem Boden heraus und geht damit aufrecht auf den Ramstebänni los. Nochmals zu laden blieb diesem keine Zeit, und Hinterlader und Repetiergewehr hatte man noch nicht. Auf seine Kraft vertrauend, tritt der Jäger dem Bär entgegen, fasst ihn bei seinen Vordertatzen, so dass er mit der Wurzel nicht dreinschlagen kann. Der Bär will ihm ins Gesicht beissen, doch der Ramstebänni schiebt schnell seinen Kopf unter den Kopf des Bären, hält ihn mit seinen Armen fest, drückt mit seinem Kopf so stark gegen den Hals und die Gurgel des Bären, dass diesem schliesslich der Atem ausgeht und er zu Boden fällt. Schnell entreisst Ramstebänni dem Bären die Wurzel und bearbeitet ihn damit, bis er tot ist. Alsdann hängt er ihn an den Rücken und schreitet damit nach Reigoldwil hinunter." Der zweite Bericht lautet:

„E Louler Jeger, Bader haig er gheisse, syg elleini uf d Bärejagd. In der Nööchi vom Geitechopf haig er bin ere Weidhütte under eme Mählbaum e ganz vertrampete Platz gfunde. Das haig in uf die rächti Spur brocht. Der Bär syg em gly druufabe cho und haig si gstellt. Ass der Bär zider öppis ztua het, gheit er im zerscht d Chappe und derno sy Chüttel ane. Der Bär chätscht das Züüg gmüetlig. Do chracht der zweut Schutz, wo der Bär besser gee haig; er syg ämmel muustod gsi."

Ein dritter Bericht kommt der aus den Akten erhobenen Darstellung am nächsten. „Darnach hielt sich der Bär über Nacht in seinem Schlupfwinkel in der Höhle des Schelmenloches (auf der Südseite des Schattberges) auf. Durch Treiber wurde er am folgenden Tag gegen den Geitenchopf gejagt, wo zwei Jäger ihn erwarteten. Beim Nahen des mächtigen Raubtieres bekamen diese Angst und kletterten auf einen Baum. Von dort schossen sie auf den Bären, der nach zwei Schüssen tot zusammenbrach"[157].

Von einem unerschrockenen Mann berichtet der Urner Karl Gisler: „Bitzi, heute von den Älplern auf Galtenebnet bestossen, war früher eine Schwyzeralp. Aber ein Bär macht sie unsicher; die vornehmsten Jäger hatten ihm schon nachgestellt, aber ohne Erfolg. Da kaufte ein Schächentaler Ratsherr das Älpli um fünf Kronen und trieb Schafe auf. Diese trieben sich ungeniert in der Nähe des Bären herum, und nur von Zeit zu Zeit tötete dieser ein junges Schäfchen. Als er einst eines packen wollte, schlug der Besitzer mit einem Stocke auf ihn ein und sagte: ‚Nimm dü dy Sach und lach mier my Sach!' Da liess der Bär das Lamm fahren, trottete davon und wurde nie mehr gesehen"[157]. Besonders hübsch ist die Geschichte vom letzten Guriner Bären. Sie wird von Albino Tomamichel erzählt: „Früher gab es in Gurin auch Bären, und die plagten die Leute; sie frassen ihnen Ziegen und Schafe, ja sogar Kälber. Da taten sich die Männer zusammen und beschlossen, dass sie dem Übel abhelfen wollten. Sie hatten beobachtet, dass der Bär — sie sahen nur noch einen — zuoberst auf einer Lärche zu schlafen pflegte, wenn er den Bauch voll hatte. Da lösten sie der Lärche sorgfältig die Rinde ab und drückten sie wieder an. Wie der Bär erwachte, kam er langsam die Lärche herunter, bis er die losgelöste Rinde erreichte. Er versuchte wohl, sich mit seinen Krallen an ihr festzuhalten, aber es nützte ihm nichts, er purzelte mitsamt der Rinde über die Felswand hinunter und blieb tot liegen. So endete der letzte Guriner Bär"[159]. Nach den Bären müssten die Hirsche und Rehe erscheinen. Doch wir suchen in den Sagen vergeblich nach diesen jagdbaren Tieren. Die Erklärung ist einfach: Sie waren im 18./19. Jahrhundert, als die Sagen entstanden, praktisch ausgerottet. Umso häufiger sind die Sagen um Meister Reineke. Allein in der Urner Sammlung von J. Müller sind dem Fuchs über 50 Sagen gewidmet. Seine Schlauheit und Zähigkeit haben auch andere Erzähler angeregt. „Dr Joggli Chrischti. Där hät albig gjeigeret und gfuggsnet. Duä seig er in dr Bünt jouä hinderi und häig ä Fuggs gschossä. Aber nid troffä. Und duä häi di Alt usägrüeft zum Pfischter: ‚Gält, hinecht häscht ä nid überchuu!'"[160].

In einer anderen Sarganser Sage heisst es: „Vumemä Fuggs hät d Mueter dinn au verzellt. Hind si äim passet in

dä Haldäställ jus. Zwii. Wos nä hind wellä schüüsä, heigens nä troffä, aber sei glych nid toud gsii"[161].

Von Fuchsenstreichen berichten zwei Urner Sagen: „Der alte Hof-Kaspar von Silenen lotzte eines Nachts in einem Hüttlein im Purenland jenseits der Reuss den Füchsen. Er merkte einen kommen, und als er glaubte, er sei jetzt an der Beize, steckte er seine Nase zu einer Dohle heraus, um zu sehen. Aber der fuhr schön zurück, als er plötzlich des Fuchses kalte Nase an seiner eigenen Nase fühlte. An jenem Abend ging der Hof-Kaspar ohne zu schiessen nach Hause."[162].

„Mein Vater zielte und schoss aus seinem Häuschen am Walde im Maderanertal auf einen Fuchs, der an der Beize frass. Aber der Fuchs schnitt ihm nur Grimassen und lachte ihn eigentlich nur aus. Das kam vielleicht daher, weil ein öffentlicher Kilchweg zwischen dem Häuschen und der Beize lag. Über einen Kilchweg soll man, ausser in einer gewissen Höhe, nicht schiessen"[163].

Von einem unheimlichen Fuchs erzählt der Oberwalliser Hermann Summermatter: „Ein Mann, der den Füchsen passte, sah immer dasselbe Tier am selben Ort, so dass er nicht zu schiessen wagte.

Damit er weniger Angst habe, leistete ihm das nächste Mal ein Kamerad Gesellschaft. Der Jäger schoss, aber das Gewehr zersprang in tausend Stücke, und der Fuchs schaute zum Putzloch herein: Aber er hatte einen Menschenkopf.

Man erzählte das als Wahrheit, jetzt, ich weiss nicht"[164].

Jäger im Wald

Ebenso unerschöpflich wie das Thema Waldtiere ist das Thema Wald und Jäger. Es erstaunt zunächst, dass der Jäger in der Regel nicht als Held, sondern als Überlisteter auftritt: „Dr Batischt Geil z Vild hei evän ämoul am Schollbrig jenä ä Gemstier gschossä. Das sei umgkeit, und nohär sei grad wieder ais döt gstandä"[165].

Um sich gegen Zauber zu schützen, wandten die Jäger mancherlei altbewährte Tricks an: „Ein Sarganser Jäger sah in Schussweite drei Gemsen. Er schlug an, der Schuss löste sich aber nicht. Dreimal stellten sich die Gemsen auf, und dreimal versagte die Flinte. Dann erscholl ein lautes Jauchzen aus der Höhe, und der Jäger erkannte, dass man ihm das Feuer ‚ygstellt' hatte. Um sich gegen solchen Zauber zu schützen, legte er später jeweils ‚ä paar Migglä Ägäthäbrout' unter den Flintenlauf"[166].

Es gab indessen auch andere Mittel, um zum Ziel zu kommen. Davon berichtet die folgende Sage: „Vom Garminabogg haan i amoul gköürt. Uf Garmina, ob em Sant Marti jouba, derta sei a Gamsbogg gsii. A Jäger hei a paarmoul druuf pülferet. Aber hät em nia nüt tua. Dua hai aina gsait, säb well er jetz no probiera, ob der dei nid erwüschi. Dua sei er gganga und hei gwiches Salz uf ds Pulver tua. Dua hei er nä erwüscht"[167].

Ganz anders aber kann die Situation aussehen, wenn sich der Jäger plötzlich dem Teufel gegenüber sieht: „Ein armer Jäger aus Vättis lernte von einem vornehmen Mann, den er auf der Jagd kennenlernte, die Tiere bannen. In der Folge erlegte der Schwarzkünstler täglich eine Gemse. Ein Pfäferser Mönch, der davon hörte, und ihn eines Tages auf der Jagd begleitete, hiess ihn, als sich ein Tier zum Schuss stellte, die Büchse auf seiner Schulter aufzulegen. Da sah der Jäger, wie der Teufel die Gemse am Hals festhielt. Er ging nie mehr auf die Jagd"[168].

Für die Jäger gibt es, ähnlich wie für die Holzer, eine ganze Reihe von Warnsagen. An einem Sonntag zu jagen oder anstatt in die Messe auf die Jagd zu gehen ist frevelhaft und bringt Unglück. Glimpflich kam Pfarrer Alois Arnold, der vor hundert Jahren starb, weg. Er war ein leidenschaftlicher Gemsjäger, konnte sich deshalb nicht enthalten, einmal einen Muttergottes-Tag im Herbstmonat auf die Gemsjagd zu gehen. „Da kam ihm ein Rudel mit einer trächtigen, schneeweissen Gemse an der Spitze entgegen. Er schoss nicht, sondern zog bekehrt nach Hause"[169]. Anders ging es vier Männern aus dem Schächental.

Man kennt sie mit Namen: „Der Stäpheler-Seppli beim St. Antoni, der Isidori-Marie, des Sigersten Vinzenz und der Schloffi haben es einst mutwillig gewagt, am Muttergottestag z'Mitte Augsten auf Hochwild zu pirschen. Doch es ging ihnen dabei ganz wunderbar. Sie kamen bis in die Alp Gemsfeyer jenseits des Klausen, und da tauchten gar viele Tiere von allen Seiten vor ihren erstaunten und begierigen Blicken auf; aber zu einem Schuss kamen sie doch nicht, oder wenn auch, so bekamen sie doch geschossene Tiere nicht. Endlich stellte sich einem der drei Jäger ein stattlicher Bock in nächster Nähe; gemächlich konnte er auf denselben zielen, er drückte los, es krachte, er traf, so hatte er wenigstens geglaubt; aber der Bock rannte auf ihn los, schoss ihm zwischen die Beine, nahm ihn auf den Rükken und raste mit ihm wie besessen über Stock und Stein davon. Zum Glück konnte einer der drei anderen Jäger, die hinter grossen Steinen lauerten, dem Vorbeirasenden rasch das Skapulier zuwerfen. Er ergriff das geweihte Zeichen und war gerettet.

Seitdem wäre keiner von ihnen um kein Geld in der Welt je wieder an einem Muttergottestag auf die Jagd gegangen; sie wollten auch nicht recht über ihr Erlebnis erzählen; nur Bruchstücke und rätselhafte Andeutungen brachte man aus ihnen heraus. Aber die Geschichte ist doch ausgekommen und mir von mehreren Seiten, wenn auch nicht übereinstimmend, erzählt worden. Übrigens sollen auch andere bei ähnlicher Gelegenheit ganz böse Erfahrungen gemacht haben.

Nach anderer Erzählart war es zu Weihnachten oder im Januar. Zehn Tage lang waren sie in der Fiseten auf der Jagd nach Gemsen, die sich ihnen massenhaft stellten, und doch brachte zuletzt ein jeder der drei Jäger nur einen Hasen als Jagdbeute heim. Die Gemsen hinterliessen im Schnee Rosspuren. Sie sahen auch einen Fuchs und gingen der Spur nach; diese verwandelte sich urplötzlich in eine Gemsenspur"[170].

Die Jagd an einem heiligen Tag konnte aber auch den Tod bedeuten: „Trotz aller Abmahnungen ging ein Schächentaler an einem Eidgenössischen Bettag id's G'jeg. Er wanderte über den Klausen, durchschritt die Klus, die Alp Gemsfeyer und kam in die Fiseten. Dort stand eine weisse Gemse. Der Jäger nahm sie aufs Korn und schoss. Da kam sie auf ihn zu, ebenso nach dem zweiten Schuss, nach dem dritten stiess ihn das Tier über die Fluh hinaus, wo er tot liegen blieb"[171]. Ebenso eindrücklich ist die Sage von den drei Jägern am Bristen:

„Mitte August, am Fest Mariä Himmelfahrt, gingen einst drei Jäger gemeinsam auf die Jagd. Auf dem ‚höchsten Bristen' schossen sie eine weisse Gemse. Als sie aber an Ort und Stelle kamen und die Beute sich aneignen wollten, da war die weisse Gemse verschwunden, und auf ihrem Platz stand eine schöne weisse Frau majestätisch vor ihnen. Man meint, es sei die Mutter Gottes gewesen. Diese sprach ernsthaft: ‚Ihr habt meinen Tag entheiligt. Dafür müsst ihr eine Strafe auf euch nehmen. Ihr könnt wählen. Wollt ihr lieber drei Klafter tief in den Erdboden oder auf die drei höchsten Gräte versetzt werden?' Die Jäger wählten das letztere. Da wurden sie in Steinsäulen, Steinmanndli, verwandelt und auf die drei höchsten Stöcke, auf den ‚höchsten Bristen', auf den ‚höchsten Windgällen' und auf den ‚höchsten

Krönten' versetzt. Dort sieht man sie heute noch. Alle 100 Jahre kommen die drei Jäger zu Mitte August auf dem höchsten Bristen zusammen und fragen und klagen sich; der erste: ‚Wie lang sim-mer etz scho da?' Der zweite: ‚Wie lang miem-mer ächt äu nu da sy?' Und der dritte antwortet: ‚Solang Gott will und die lieb Müetter Gottes'"[172]. Diese Sage ist wie viele andere vielschichtig. Von grosser Bedeutung ist die weisse Gemse. Auf sie darf man nie schiessen. „Wer sie erlegt, muss sterben. Die Farbe Weiss kündet den Tod"[173]. Nach einer Walliser Sage kann die weisse Gemse aber auch eine andere Bedeutung haben. Albinus Kiechler aus Binn erzählt: „Unser Grossvater erzählte von einem leidenschaftlichen Jäger Welschen. Wenn er an schwierigen Felsen nicht mehr vorbei konnte, habe er sich in die Fusssohlen geschnitten. Dann klebte das Blut an den Steinen, und so konnte er weiter.

Einmal sah er eine weisse Gemse. Da sagten sie ihm, wenn er eine weisse Gemse sehe, solle er nicht mehr jägern. Er ging aber trotzdem und erfiel in den Bergen. Man brachte ihn tot zurück ins Dorf. Diese weissen Gemsen waren halt auch arme Seelen. Darum durfte man nicht auf sie schiessen[174].

Jedem Jäger ist in seinem Leben ein bestimmtes Quantum an Gemsen zugebilligt. Hat er „genug" Gemsen geschossen, so wird er von einer unsichtbaren Stimme – dem wilden Mandli – aufgefordert, mit dem Jagen aufzuhören. Das wilde Mandli sagte zu einem Jäger: „Schon dreieinhalb Hundert Geissli hast du uns getötet!" Dieser Appell wird gar in Reimform gefasst: „Ä Jeeger häig äinisch ä Stimm gheert riafä:

‚Ganz unverdrossen
Hast du drei halbhundert Gämschi gschossen,
Häb bald Fyrabed!'
Uff dass syg'r doch niämeh mit der Bixä g'gangä"[175].

Wer diesem Appell nicht folgt, wird mit dem Tod bestraft. Als Warnung aber erscheint die weisse Gemse: „Es kam eine weisse Gemse. Eine Stimme rief: Johann Josef

Imhof' – so hiess der Jäger – ‚hast iber 3 halbhundert Gämschi gschossä, mach etz Fyrabed!' Er zielte, und da sprang die Gemse auf ihn los und stürzte ihn in einen Abgrund zu Tode"[176].

Das wilde Mandli tritt hier als Beschützer und Herr der Gemsen auf. Wird eine Gemse abgeschossen, jammert der Tierherr oder die Tierherrin über den Tod ihrer „Kuh". Solche Mandli treten vor allem in der Urner Sammlung von J. Müller auf: „Einem Jäger versprach ein wildes Mandli, alle Samstage einen schönen Gemsbock an die Haustüre zu hängen, wenn er ihm seine Geisslein, die Gemsen, nicht mehr wegschiesse. Der Jäger nahm das Versprechen an, und mehrere Jahre enthielt er sich der Gemsjagd. Jeden Samstag konnte er einen feisten Gemsbock an seiner Haustüre finden. Doch endlich erwachte wieder heftig die Leidenschaft in seinem Herzen. Er nahm die liebe Büchse wieder vom Nagel und stieg mit ihr zu Berg. Nicht lange brauchte er herumzustreichen, so kam ihm eine Gemse vor das Gewehr, und er schoss. Aber im Augenblick wurde er vom Wildmandli ergriffen, überwältigt, in ein weisses Tuch eingewickelt und so über eine Fluh hinuntergestürzt"[177].

Märchenhaft und doch volkstümlich liest sich folgende mundartlich notierte Sage; sie stammt ebenfalls aus dem Urnerland: „Da isch ämal ä Jeeger gsy z'Underschächä, gwaltig ä beesä! Der het mängs Gämschi heitreit! Schier b'ständig isch er uf der Jagd g'sy. Wonner wider einisch mit der Bixä ggangä-n-isch, chunnt unfämä hoochä Bärg obä so äs älters Mandli züenem und redtä-n-a: ‚Worum tüesch dü myni Geissli teedä?' ‚Ich ha daheimä-n-ä grossi Famili', seit der Jeeger, ‚und ich müess fir my Fräuw und myni Chind sorgä'. ‚Guet', seit das Mandli, ‚sä wemmer-is midänand verständigä. Ich gibä dier äs Chäsli, und wenn's dü nie uf einisch ganz uf-isisch, sä sollsch dü mit dyner Famili dyner Läbtig gnüeg Chäs ha; aber dü müesch mier dafir versprächä, dü wellisch-mer myni Geissli i Rüew lah und keis meh teedä'. Der Jeeger isch iverstandä g'sy, und dz Mandli hedem äs Chäsli b'bracht, äs stattlichs Chäsli, syg g'sy wiennes

Geisschäsli. ‚Aber keis Geissli teedä, susch gaht's-der schlächt', hed-em dz Mandli gseit. Der Jeeger het das Chäsli gnu und isch midem hei. Är het darvo gnüeg chennä-n-ässä jedä Tag mit syner Famili, und immer isch es am neechste Tag wider ganzes gsy. Aber nach vilä, vilä Jahrä isch-em wider d'Gluscht achu, uf d'Jagd z'gah. ‚Hitt wemmer das Chäsli üfässä', hed-er zu Fräuw und Chindä g'seit. Aber eis vo dä Chindä het neiwä-n-äs Bresmäli undärä Tisch la g'hyä, und am andärä Morged isch das ganz Chäsli wider underem Tisch g'lägä. Und darnah hed-er ä Tschuppel Kamradä-n-iglädä, und die sind-em düe Meischter wordä, dem Chäsli. Güet, är het d'Bixä g'nu und isch der Wildi züe. Da chundem äs Gämschi ergäget, wyss wie der Schnee! und nu eis, äs g'wehnlichs. Dem wyssä isch er nachä und het's g'schossä. Aber der Jeeger isch äu nimmä läbigä heichu; nu am glychä Tag isch er verungglickt und z'Tod g'fallä"[178].

Im „Schweizerischen Sagenbuch" von C. Kohlrusch findet sich eine Sage, die das Motiv in vielleicht etwas altertümlicher Fassung widergibt: „Sobald aber die warme Zeit kommt, beginnen sie ein neues tätigeres Leben. Gleich dem Sennen, der am Tage der Alpauffahrt mit seinen Kühen und Geissen aus dem Tale hinauf zur grünen sonnigen Trift zieht, kommen sie dann von ihren Winterpalästen herab in die Vorberge, ganze Herden von Gemsen vor sich hertreibend, welche ihr Eigentum sind und unter ihrem ganz besonderen Schutze stehen. Aber nur von Mariä Verkündigung an bis zum Allerheiligentag halten sie sich in den Vorbergen auf. Während dieser Zeit beschäftigen sie sich fast ohne Unterschied nach Sennenart, nur dass sie statt Kühe und Ziegen Gemsen hüten und aus der Milch dieser Tiere, welche sich ohne Scheu von ihnen melken lassen, eben jene wohlschmeckenden Käse bereiten, denen die schon erwähnte wunderbare Eigenschaft eigen ist, dass sie sich nie aufzehren, sobald man ein Stückchen von ihnen übrig lässt. Menschlichen Augen zeigen sie sich indes nur noch höchst selten, obgleich sie auch jetzt noch da, wo frommer Sinn und Einfachheit der Sitte noch daheim, die gleichen treuen Beschützer der Menschen und des Viehes wie früher sind. Tod und Vernichtung drohen sie nur dem, der räuberisch seine Hand nach ihrem Eigentume, den Gemsen, auszustrecken wagt. Wehe daher dem Gemsjäger, der ihnen in den Weg kommt. Selbst gegen diese können sie sich jedoch noch gütig und barmherzig erweisen, trieb ihn nicht unüberwindbare Jagd- und Mordlust, sondern die drückende Not daheim auf die Spur ihrer Lieblinge. Einem solchen versprach einstmals eines dieser freundlichen Wesen unter der Bedingung, nie wieder auf gleichem Wege sich betreten zu lassen, während der Jagdzeit eine bestimmte Anzahl Gemsen zu liefern. Redlich hielt der Berggeist sein Versprechen. Immer am Morgen des siebenten Tages der Woche fand der Jäger ein feistes Grattier an dem Türpfosten seiner Wohnung aufgehängt vor. Bereits war aber bei ihm die Jagdlust zur brennenden Leidenschaft geworden. Vergebens kämpfte er gegen sie an, ihr erliegend griff er wieder nach seinem Stutzer und begab sich von neuem auf die gefahrvolle Bahn. Niemals wurde er wieder erblickt. Der zürnende Geist hatte

ihn ergriffen und in den tiefsten der Gletscherabgründe, ihn für ewig begrabend, gestürzt"[179].

Dem pathetischen Stil der Zeit zum Trotz schimmert ein Stück Leidenschaft zur Jagd durch. Wie gross diese Leidenschaft gewesen ist, schildert Tschudi in seinem „Tierleben der Alpenwelt". Dort spricht ein Jäger: „Ich bin seit kurzem sehr glücklich verheiratet. Mein Grossvater und mein Vater sind auf der Gemsenjagd umgekommen. Aber wollten sie mein Glück machen unter der Bedingung, dass ich der Jagd entsagen sollte, so könnte ich es nicht annehmen." Zwei Jahre nach dieser Äusserung zerschellte der starke und gewandte Jäger in einem Abgrund[180].

Heilige und teuflische Waldpflanzen

In vielen Sagen erscheinen Waldpflanzen, Waldbäume und Waldsträucher. Oft begleiten sie das Geschehen bloss, oft aber stehen sie im Zentrum der Erzählung. Manche Bäume und Pflanzen standen im Glorienschein der Heiligkeit, wieder andere aber im Geruch des Teuflischen. In den meisten Fällen geben die Erzähler die Auflösung des Rätsels selber mit. So waren beispielsweise im Reusstal die prächtigen Goldrosen (Lilium bulbiferum) und Aurikeln des Teufels. Die Erklärung ist höchst einfach: Man sagte, der Teufel habe sie gepflanzt, um die Kinder vom Suchen der oft an gefährlichen Orten blühenden Pflanzen abzuhalten[181].

Wer Holunderholz im Haus verbrennt, muss Unfrieden, ja Trennung in Kauf nehmen, erzählte Frau Maria Bärtsch-Züst (geb. 1870) von Furna: „Ä Frau hed ds Holderäholz verbrennd im Ofn, denn heindsch van Husn gglan (sich getrennt)"[182]. Anna Buol-Erhard erklärte diese Auffassung: „Min Eltren hättend niä Holdren verbrennd, albig in di Töbl abgezogn. Das het dr Ätti vür uns gseid: Jesus stand undrem Holderbeerstrauch, wiä sch nä verratn heiend. Drum söll mä di Holdren nid verbrennen"[183].

Hans Meier aus Molinis (1870–1941) meinte deshalb auch: „Die Aaltä heind gseid: Vor jedär Holdrä söttä mä schi büügä"[184].

Zu den aitiologischen, das heisst die Natur erklärenden Sagen gehören die beiden wundervollen Pflanzensagen, die Frau L. Caduff-Camenisch (1879–1964) dem Sagensammler Büchli erzählte (wir folgen der Übersetzung aus dem Romanischen): „Als Jesus einmal predigen ging, hat er Sankt Peter mitgenommen. Es war an einem sehr heissen Tag. Wie sie durch einen Wald kamen, ist Sankt Peter zurückgeblieben und hat Erdbeeren genascht. Da ruft Jesus: ‚Wo bist du gewesen und was hast du gemacht?' Sankt Peter antwortet: ‚Ich bin zurückgeblieben und hab halt nichts gemacht.' — ‚So, so', sagt Jesus, ‚von diesem Tage an sollen denn also die Erdbeeren niemandem mehr den Hunger stillen!'"[185].

Die zweite Sage gehört in den Bereich der Genesis: ‚Als Jesus die Sträucher mit ihren Früchten schuf, ist der Teufel zu ihm gekommen und hat gesagt: ‚Eine Pflanze könntet Ihr mir wohl geben!' — ‚Das kannst du haben', hat Jesus geantwortet und hat ihm den Berberitzenstrauch gegeben. Aber bevor er die Pflanze dem Teufel überliess, hat er ihren Dornen die Form des Kreuzes gegeben. So hat der Teufel die Macht über die Pflanze verloren"[186].

Anderer Natur und wohl volkstümlicher als die feinen, doch etwas literarisch anmutenden Sagen von Frau Caduff ist die Sage von der Krüüzlitanne: „Am Elpliweg isch a Tanna gstanda, und in dia isch a Chrizli ighoua gsi. Vo dem hen sie erzellt: Friä isch ufem Elpli ou a Senntum gsi mit dr Vooralp Balzuura. Det isch a Chees-Cheller gsi. Ds Elpli isch a guati Waid gsi und hat vil Molcha ggee. Jeeda Taag hat dr Zuasenn mit dem Molcha aaha choo miase bis uf Balzuura. Ds Molcha hat er ufem Schlitta gfiärt, und de Schlitta hat er am Oobed wider miase uhi treege. Und drum isch er bees choo und hat amool a Chrizli in der Tanna ighoua und gseit: ‚Vor i doo noch emool in d Alp gooh, sell mi dr Teifel hoola!'

Dee Zuaseen isch dua aber im neechschta Summer glich wider uf dia Alp gganga. Aaber vu dr errschta Fahrt aabwerts sei er nomma zrugg choo. Ma hat nu noch sini Schuä under dr Tanna gfunde un a Strumpf, ganz verrupft, wo dooba in dä Escht ghanget isch. Und no lang nooheer hat ma a Grousa ghan vor der Tanna und hat immer en Umweeg gmacht"[187].

Die Erzählerin, Ursula Kieni (1863—1944) meinte, das sei nachher noch lange ein Sprichwort gewesen, wenn einem die Arbeit nicht gefallen habe, sei gesagt worden: ich mache mir ein Kreuz davor. Wahrscheinlich ist es aber umgekehrt gewesen. Der Zusenn kannte dieses Wort bereits und wandte es an. Die Sage ist sicher den Warnsagen zuzuordnen: Man soll mit dem Kreuz keine Schindluderei treiben, das heisst, keine Verwünschungen vornehmen und ausstossen.

Das Kreuzeszeichen erscheint auch in einer zweiten Bündner Sage oder Legende. Dort aber ist sein Sinn ein anderer: „Der Glaubensbote Sigisbert traf eine grosse Volksversammlung an, die ein an einem Baume befestigtes Apollobild verehrte. Der Glaubensbote anerbot sich, die Nichtigkeit des Gottes dadurch zu beweisen, dass er seinen Jüngern Befehl gab, den Baum zu fällen. Als man zum zweiten Axtschlag gegen den Weidenbaum ausholte, riss der Teufel, der im Bilde war, den Baum hoch in die Lüfte, um ihn aufs frevlerische Volk niederzuschmettern; aber Sigisbert machte gegen ihn ein Kreuzzeichen, und der Weidenbaum blieb solange in der Luft, bis das Volk sich der Gefahrenzone entzogen hatte. Mit grauenhaftem Gepolter fiel er nun zu Boden, derweil der Teufel brüllte und jämmerlich heulte, dass er um seine Wohnstätte gekommen wäre"[188].

Wir sind unversehens in den Sagenkreis der kultisch verehrten Bäume eingetreten. Wohl zu den berühmtesten „Heiligen Bäumen" Rätiens gehörte der Truner Ahorn. Er wird erstmals durch Campell in seiner Historia raetica zwischen 1573 und 1576 erwähnt. Der Bund sei „in einem Walde, unter freiem Himmel oder besser im Schatten eines grossen, breiten Ahornbaumes oder, wie andere sagen, einer Platane geschlossen worden. Dieser Baum soll heute noch unversehrt stehen und wird nach dem Volksglauben solange stehen, solange der Bund selber unversehrt bestehen und nicht verletzt und aufgelöst wird; die Auflösung des Bundes sei sicher unmittelbar zu erwarten, wenn einmal ein Baum selber gefällt oder zerstört würde"[189]. Auch die Aufklärung vermochte den Zauber des Baumes nicht zu brechen. „Als bei der Franzoseninvasion ein französischer Grenadier auf den Baum schoss, blutete er nach der

Volkssage"[190]. Hier tritt das Motiv, dem wir in anderen Sagen begegnen, nochmals auf. Es beruht auf einem uralten Volksglauben, nach welchem der Baum als Seelensitz galt. In mancher Sage wird der Geist in den Baum gebannt[191]. Auf solcher Anschauung beruht die Sage, die Lütolf übermittelt: „Auf Bramegg gab es eine heilige Tanne, die nicht geschlagen werden durfte, weil ein Geist in ihr wohnte. Ein Bauer glaubte nicht daran. Kaum hatte er sie gefällt: sowie der Baum hinfiel, traf ihn plötzlich ein furchtbarer Schmerz im Bein, und kein Kräutlein war dagegen gewachsen, er musste daran sterben"[192]. Auf die Anschauung des Baumes als eines beseelten Wesens gehen auch Bräuche zurück: Der Holzfäller bittet den Baum, den er fällen will, vorher um Verzeihung[193]. Im Napfgebiet ist dieser Brauch noch um 1950 angetroffen worden.

Die Kirche hat den alten Baumkult mit wechselndem Erfolg bekämpft. So wird beispielsweise um 775–790 mit Strafe geahndet: „Wenn einer ein Gelöbnis, sei es zu Bäumen oder Quellen, machen sollte." Von Pirmin, gestorben um 753, sind die Worte überliefert: „Betet nicht Götzen-

bilder an, weder bei Felsen, noch an Bäumen, noch an abgelegenen Orten, noch an Quellen"[194].

Neben der offiziellen kirchlichen und geduldeten Überlieferung blieb der Baum immer dem „elementaren Urerlebnis verbunden, das sich im Volksglauben der Neuzeit in einzelnen Motiven bekundet, die seit dem 3. Jahrtausend v. Chr. in frappierender Konstanz sind"[195]. Oft kam es zu „Übertragungen". Es wird beispielsweise ein Bildwerk eines Heiligen auf wunderbare Weise in einem Baum gefunden. Oder in den Stamm ist ein Heiligenbild eingewachsen; die Schnittfläche zeigt das Bild eines Heiligen. Oder — entmythologisierter — ein an einem Baum angebrachtes Bild eines Heiligen erweist sich als „wundertätig"[196]. Das galt etwa für die heilige Eiche mit dem Marienbild in Hergiswil oder die heilige Buche mit dem „Helgen" von Meggen[197]. Einen „helgen" oder „heiligen" Nussbaum gab es auch im Schächental[198]. Er erscheint in vielen Urner Sagen.

So versuchte die Kirche, wie es Christian Caminada ausdrückte, „das Reich der gehörnten Majestät durch die christliche Missionierung" einzuschränken.

Respekt vor der Waldesstille

Johannes Jegerlehner hat eine Sage aus dem Wallis überliefert, die dem nächtlichen Wald gewidmet ist: „Grégoire Jordan, solide compagnon, d'une force et d'une taille peu communes, entreprit de construire pour son compte une grange belle et vaste. Cette grange, comme toutes celles du pays, devait être entièrement en bois. Il fallait donc abattre et transporter un grand nombre d'arbres; mais cette tache ne faisait pas reculer un travailleur de la trempe de Grégoire. Pour la poutraison, il abattit d'énormes mélèzes dans le vallon d'Arpettaz. Il les alla chercher en plein hiver, lorsque la neige dure portait. Il les tournait sur un solide traîneau que traînait un bœuf vigoureux.

Un jour de guignon, en faisant ce travail, il lui arriva divers accidents. Son chargement versa, une limonière du traîneau se brisa, à plusieurs reprises le traîneau lui-même butta contre des troncs d'arbres et il fallut au pauvre Grégoire des efforts inouïs pour le dégager. Ce jour-là encore, le bœuf se montra d'une humeur intraitable; lui d'ordinaire si docile lançait à son maître des regards furieux, refusait de lui obéir avancant rapidement quand il criait d'arrêter, se refusant d'avancer quand son maître le lui ordonnait. D'un tempérament vif et bouillant, Grégoire tempêtait, sacrait, jurait dans la forêt déserte, frappait dru sur la pauvre bête que ses procédés rendaient toujours plus intraitable.

Depuis longtemps il faisait nuit et Grégoire rencontrant toujours de nouveaux obstacles ne parvenait pas à sortir du bois. Malgré la froidure, il etait inondé de sueur. Découragé, il songeait à dételer et à laisser son chargement jusqu'au lendemain et à rentrer à son logis, lorsqu'un bruit insolite frappa son attention et le cloua sur place: De tous côtés il crut entendre des voix se rapprochant de minute en minute. Puis il se vit entouré d'une vaste cercle d'êtres humains. Tous semblaient le contempler d'un air menaçant et aucun ne lui adressait la parole. La lune, parfois cachée derrière des nuages, éclairait faiblement ce tableau.

Jordan porta un regard effrayé sur son entourage et reconnut avec stupeur que la plupart de ces êtres étaient ses parents, ses amis, ses voisins, tous trépassés. Ceux-ci reprochèrent alors de troubler à minuit (car c'était minuit) le silence de la forêt, et le menacèrent. Des sueurs froides coulèrent du front de Grégoire qui crut sa dernière heure venue. Mais l'un de ces revenants, à qui le montagnard avait autrefois rendu un grand service, prit sa défense, obligea ses compagnons à le laisser passer et le congédia en lui disant:

‚Grâce à moi tu échappes à une mort certaine. A l'avenir, tu t'abstiendras de passer dans cette forêt entre 12 et 1 heure de la nuit. Maintenant fuis au plus vite.'

Grégoire ne se le fit pas répéter deux fois. Sans se soucier de son bœuf il décampa au plus vite, suivi par les grondements sinistres de la bande des revenants qui semblaient le poursuivre.

Chose étrange, sa monture qu'il croyait perdue arriva aussitôt après lui devant la maison, avec le fardeau qu'elle ne parvenait pas à démarrer avant cette étrange apparition"[199].

Jordan musste eine Scheune bauen, er brauchte sehr viel Holz. Er fällte es im Tal von Arpettaz. Er verspätete sich und dachte eine Zeitlang daran, seine Last im Wald zu lassen, um sie am anderen Morgen zu holen. Inzwischen aber war es Mitternacht geworden, und eine grosse Waldesstille herrschte. Von allen Seiten hörte er plötzlich Stimmen, und es kamen Gestalten, die er ohne Schwierigkeiten als seine verstorbenen Eltern, Freunde und Nachbarn identifizieren konnte. Einer von ihnen begann den Holzer zu verteidigen. Er verpflichtete seine Gefährten, ihn ziehen zu lassen, und sagte zu ihm, dass er dem Tod entrinne. Aber in der Zukunft habe er diesen Wald in mitternächtlicher Stunde nicht mehr zu betreten. Er gehört in dieser Stunde dem Totenvolk.

Eine Totenvolksage also, könnte man zunächst annehmen; sie ist aber mehr: Es handelt sich um eine Warnsage. Es ging darum, den Holzfällern klarzumachen, dass sie zu mitternächtlicher Stunde nichts im Walde zu suchen haben.

Noch deutlicher wird dies in der Sage von Cavorgia gesagt. Giachen Antoni Hendry-Monn erzählte: „In Cavorgia sura war früher ein Schnapsbrenner, Lezi Balzert, er brannte Enzianschnaps. Die Bauern, die dort im Wald von Cavorgia holzten, gingen am Abend, wenn sie müde von der Arbeit kamen, zu Lezi Balzert, um noch ein Schnäpslein zu trinken. Die Jungen blieben oft sehr lange. Als diese auch einmal spät durch den Wald gingen, fing einer von ihnen an, laut zu rufen (el grèeva). Da rief auf der andern Talseite einer zurück. Ein Kamerad des Burschen, der zuerst gerufen hatte, warnte diesen: er solle die Ruhe der Nacht nicht stören. Aber der Bursche schrie nochmals und bekam wie-

der Antwort von drüben, doch diesmal viel näher. Im Übermut und auch um zu prahlen, dass er keine Angst habe, rief er zum drittenmal, aber diesmal war die antwortende Stimme grad neben ihm, und plötzlich bemerkten die Freunde, dass er verschwunden war. Sie hielten lange Umschau nach ihm, fanden ihn jedoch nirgends und gingen dann heim nach Sedrun. Als sie am anderen Morgen wieder auf dem Weg nach dem Wald waren, sahen sie den vermissten Kameraden auf einem Stein im Nalpser Rhein. Sie fragten ihn, was geschehen sei, und da sagte er: er könne jetzt schon mit ihnen in den Wald gehen, aber während drei Nächten müsse er noch auf diesem Stein sitzen, weil er die Stille der Nacht mit dreimaligem Geschrei gestört habe"[200].

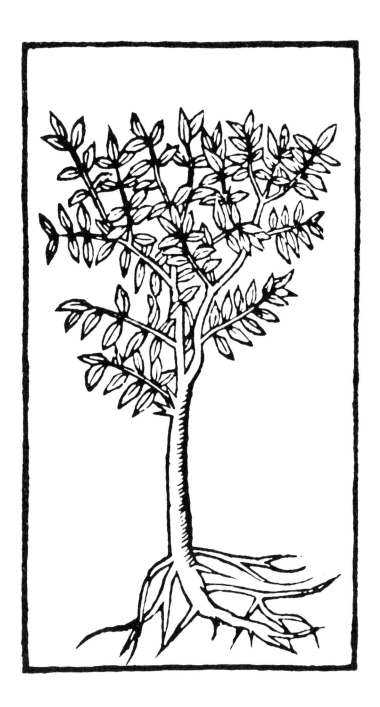

III

Das Waldbild der Sage

Die andere Brille

Wir haben den Wald mit der Brille der Sagenerzähler betrachtet. Wir sind damit in eine andere Welt, in eine andere Bewusstseinsebene eingetreten. Wir haben die Waldlandschaft, den Wald und alle Dinge, die mit ihm zu tun haben, einmal mit den Augen der Altvorderen betrachtet. Die Folgen waren frappant; wohl waren die „Dinge" da, der Wald, der Baum, der Bach, die Tiere, die Holzfäller. Aber sie wirkten anders; die ganze Atmosphäre wurde anders. Man könnte es Verfremden nennen, wenn wir auf dem Standpunkt stehen, dass alles rein Gesehene heimisch und das andere nicht heimisch oder fremd sei. Man könnte es ein Entfremden nennen, wenn man die mythische Welt als die „richtige" betrachten würde und wenn die Welt des „reinen Sehens tot und entleert" wäre. Die Sage hat uns in eine andere Welt geführt, oder anders ausgedrückt, sie hat uns eine andere Welt entdecken lassen. Gewiss, wir werden jetzt nicht an die „reale", objektive Gegenwart von Drachen oder Riesen glauben. Hingegen werden wir andere, heute nicht mehr geläufige Denkprozesse verstehen, eine Welt lieben lernen, die ganz anders ist als die unsere[201]. Diese „Umstellung" zu vollziehen, ist aus verschiedenen Gründen nicht leicht. Wer diese Welt richtig verstehen und deuten will, wer die Sagen verstehen will, darf sie nicht nur als Erdichtetes betrachten, als buntes Bild erleben, sondern er muss ihnen auch eine bestimmte und gewisse Wahrheit zugestehen.

Die andere Welt

Wir sollten die Sagenerzähler nicht als komische Träumer und Käuze betrachten, sondern als Menschen, die auf ihre Weise die Suche nach den letzten Wahrheiten antraten. Sie zu begreifen und zu verstehen wird dann leichter, wenn wir uns nochmals an ihre Herkunft und ihr Leben erinnern. Vor allem die Sagensammler Büchli, Guntern und Senti können uns dabei wertvolle Hilfen leisten. Das erste, was auffallen muss, ist ihr Alter. Senti hat bezeugt, dass die allermeisten Sagenerzähler betragte, zum Teil sogar sehr alte Leute gewesen sind. Und aus den Lebensdaten, die Büchli für seine Sagenerzähler und -erzählerinnen angegeben hat, können wir schliessen, dass die meisten Gewährsleute hochbetagt waren, als sie ihre Sagen erzählten. Von Büchlis Gewährspersonen leben heute nur noch ganz wenige. Das will besagen, dass die Gewährsleute fast ohne Ausnahme noch in einer vorindustriellen, agrarisch-handwerklichen Welt gelebt haben. Der Erzählstoff stammt grösstenteils aus dem letzten Jahrhundert. Dazu kommen die Sagen aus alten Sammlungen, die ohnehin dem letzten und vorletzten Jahrhundert zugerechnet werden müssen. Das Sagengut entstammt einer Welt, einer Schweiz, die agrarisch erd- und naturverbunden war. Selbst die Städte hatten damals noch kleinstädtisch-bäuerlichen Charakter. Und die Bewohner dieser zumeist kleinen Städte waren bäuerlich-handwerklicher, kleinbürgerlicher Art. Was Büchli für Graubünden festgestellt hat, gilt weitgehend auch für andere Regionen. Zwar gab es da eine vielgestaltige Gesellschaft, aber es trennte keine „unübersteigbare Kluft die Studierten von den Landleuten, die nur durch die dörfliche Winterschule gegangen sind. Der Bauernsohn aus dem

Bergweiler kann Regierungsrat oder Professor werden, der Akademiker hat in der Jugend meistens das Amt eines Kleinhirten versehen, behält Fühlung mit dem Bauern und schätzt dessen angeborere und in früh geübten Pflichten erhärtete Klugheit und Besonnenheit. Dem Bildungsstand ist deshalb das volkstümliche Denken nicht fremd oder gar verächtlich geworden"[202].

Das ist das eine. Zum anderen müssen wir uns nochmals in Erinnerung rufen, dass dieses Leben nicht nur agrarisch und erdverbunden, sondern vor allem auch einfach, ja hart gewesen ist. Viele der Sagenerzähler entstammen kleinbäuerlichen Verhältnissen. Bei manchen musste das fehlende Einkommen durch Heimarbeit ergänzt werden. Unter ihnen gab es auch die heute fast ausgestorbenen Arbeiterbauern, also Leute, die in die Fabrik gingen und daneben ein kleines Gütchen besassen. Dazu kommen die Bergbauern. Ihr Tagewerk war ein schweres, ihr Leben anspruchslos, ungesichert. Sie teilten dieses Los mit den Arbeiterbauern. Selbst die Lehrer, Pfarrer, Beamten lebten für unsere heutigen Vorstellungen überaus einfach. Was aber allen diesen Menschen, die den verschiedensten sozialen Schichten zugehörten, gemeinsam war, war ihre volkstümliche Haltung und Einstellung. Wir haben das, weil es für unsere Untersuchung von Bedeutung ist, noch etwas näher auszuführen. Wesentlich ist zunächst, dass nicht mehr versucht wird, „Volk" – vulgus – oder „Unterschicht" im Sinne einer bestimmten sozialen Gruppe innerhalb des Gesamtvolkes abzugrenzen. Es ist nicht so, dass etwa die Bauern oder die Handwerker im Gegensatz zu den anderen als „volkstümlich" bezeichnet werden könnten. Auch die Abgrenzung einer „Unterschicht" mit bestimmten geistigen und seelischen Merkmalen lässt sich nicht durchführen. Wie Richard Weiss bemerkte, gibt es in jedem Menschen „die ständige Spannung zwischen volkstümlichem und unvolkstümlichem Verhalten"[203]. Volkstümlich heisst traditionsgläubig. Was die Vorfahren taten, war recht. Man muss ihnen nur nachleben. Was von den Toten geschaffen

wurde, darf nicht verändert werden; man könnte ihren Zorn herausfordern. Man hat nicht dauernd danach zu fragen, ob es wahr oder richtig sei. Alles hat seinen festen Platz, und alles kann auf seine Weise erklärt werden. Denn nach dieser alten Auffassung ist ja nichts „bedeutungslos" und „zufällig"[204]. Wir sind dieser Denkweise in unseren Sagenbeispielen immer wieder begegnet. Sie ist heute am Aussterben, und das kann auch den „Tod" der Sage selbst bedeuten. Dazu ein Beispiel: Als der Sagensammler Büchli im Sommer 1959 im bündnerischen Rueras, wo er schon früher Aufnahmen gemacht hatte, weilte, waren drei junge Damen aus München Gäste im Hause Cavegn. Die früher eifrige Erzählerin „sprach jetzt unter Berufung auf das ‚Fräulein Doktor' (eine Medizinstudentin in den ersten Semestern) geringschätzig von den mitgeteilten Geschichten, die ‚ja eigentlich nur tuppadads' (Dummheiten) seien"[205]. Mit dem Geld der Fremden ist hier auch die neue Denkart angenommen worden.

Die meisten Sagenerzähler lassen sich nicht anfechten: „Ils carschn' creian nuot." (Die Erwachsenen glauben nichts.) „Ich glaube halt und behielt die historias", sagte der Erzähler Emanuel Giger (1878–1955). Er glaubte, „weil das Wort von Vater und Mutter für ihn untrüglich feststand"[206].

Ludivina Beer-Maissen (geboren 1867) meinte, es sei notwendig, dass sich jemand noch in „unserer Zeit" dieser alten Geschichten annehme. Bezeichnenderweise begann sie ihre Erzählung mit dem Ausspruch: „Quei ei lu ver! Das ist dann wahr!"[207].

Nicht nur Unterhaltung, sondern Belehrung

Diese „alten Geschichten" sollten ja nicht nur unterhalten und erheitern, sondern auch belehren. Sie hatten bei der Erziehung mitzuhelfen, sollten der jüngeren Generation zeigen, ja einschärfen, dass man es auf Erden nicht so treiben kann, wie man will. Eduard Renner hat in seinem „Goldenen Ring über Uri" schön nachweisen können, dass die Sagen eng verzahnt sind mit den Gesetzen und Satzungen des alten Landbuches[208]. Tatsächlich verfährt die Sage — man könnte auch von der Volksmeinung sprechen — mit den Sündern nicht weniger unnachsichtig und konsequent als die Rechtssatzungen. Ja, bei der Zumessung der Busse nach dem Tode steigert sich die Symbolisierungskunst aufs höchste, immer mit der Absicht, dem Volk selber Richtlinien zu geben für das Verhalten auf dieser Welt. Darum erzählt der Grossvater seinen Enkeln von dem geisterhaften, mitternächtlichen Treiben längst verstorbener Dorfangehöriger, die Holz frevelten. Darum kann der Bauer, der nachts heimlich einen Marchstein versetzte, die Marche rückte, nicht zur Ruhe kommen. Eine Sage aus dem Schanfigg lässt sogar den büssen, der einmal einen Marchenstreit mitangehört, aber trotz Kenntnis des Sachverhaltes nicht geschlichtet hat. Deshalb müssen die Jäger, die an einem kirchlichen Feiertag den Waldtieren nachstellten, in Steinmanndli verwandelt werden, deshalb erscheint der Meineidige als Schimmelreiter mit umgedrehtem Kopf. Wie sehr pädagogische Absichten im Spiele sind, wird deutlich, wenn der Jäger sich plötzlich bekehrt, das heisst, angesichts des Wissens um die Sonntagsschändung dem Tier nicht weiter nachstellt. Er wird alsogleich von furchtbaren Bussen und Sanktionen verschont. Im Vordergrund stehen, wie das hier immer wieder sehr deutlich wird, ganz handfeste Dinge: die menschliche Ordnung, das Eigentum, das Recht. Diese Ordnung darf nicht verletzt werden. Furchterregende Sagen sollen den Frevler abschrecken. Dabei geht es, wie Max Lüthi sehr schön gesagt hat, um die kleinen ebenso wie um die grossen Frevler. Nicht nur kleine Sünder, sondern auch meineidige Beamte werden gewarnt. Die kleinen Holzfrevler müssen ebenso geistern wie der mächtige Herr, der, um seinen Besitz zu erweitern, einen Meineid ablegte. "Grosser Frevel und kleiner Frevel, beides sind Lieblingsmotive der Volkssage: sie hat ein lebendiges Gefühl für Grenzwerte. So reichen diese Geschichten in geheimnisvolle Tiefen — aber im Vordergrund steht die Warnfunktion: Tue nicht unrecht, vergreife dich auch im geringsten nicht an fremdem Eigentum, achte die Sittengesetze ... Erziehung des Einzelnen durch die Gesellschaft, durch eine bestimmte Gruppe der Gesellschaft, aber auch Selbstanruf, Selbsterziehung sind am Werk in diesen moralisierten Sagen"[209]. Beides in einem kann man in diesen

Sagen bemerken. Nämlich eine Art Sozialkritik von oben, eine Sozialwarnung: Kleine und arme Leute werden aufgefordert, sich nicht am Gut anderer zu vergreifen. Förstern und anderen Beamten wird zugeredet, immer redlich zu handeln. Hartherzige, geizige und übermütige Grundbesitzer werden gebrandmarkt und gewarnt: Sozialkritik von unten[210].

In den Sagen geht es indessen nicht allein um Sozialkritik. Aus Warnsagen werden oft Leitbildsagen. In ihnen werden manchmal nur bruchstückhaft, andeutend, die wichtigen und gültigen Lebensgesetze vorgestellt. Die Wirtschafts- und Sozialgesinnung, die sich ihnen offenbart, ist zum Teil identisch mit den allgemeinen Normen, zum Teil weicht sie indessen von diesen ab. Wir wollen dies anhand der Waldgesinnung, die ja ein Teil der Wirtschaftsgesinnung ist, erläutern.

Die Waldgesinnung der Sagen

Der Wald oder die Wälder sind für die schweizerischen Sagenerzähler nicht zum vornherein als Ganzes numinose Orte – Hexenorte. Realistisch und mit der diesseitigen Welt verbunden, wissen sie ganz genau, dass der Wald einen Nutzen trägt, dass man ihn nutzen kann und muss. Es ist also keineswegs so, dass der Wald für diese Menschen einfach „Ort und Aufenthalt und das Betätigungsfeld der Jenseitigen" gewesen wäre[211]. Zunächst ist es wichtig zu sehen, dass der Ort, an welchem es nicht geheuer ist und in dem die „Hexen ihr Unwesen treiben", immer genau lokalisiert und umschrieben wird. Es handelt sich um ganz bestimmte und eingegrenzte Bezirke, um ein ganz genau umgrenztes Gehölz etwa. Es wird immer gesagt, wie der Wald oder das Waldtobel, in dem es „geistert", geheissen hat. Und fast immer wird auch der Grund angegeben, weshalb es da manchmal geistern muss. Immer wieder tritt uns das Streben nach Kausalität entgegen. Wenn ein Dorf von einer Lawine verschüttet, eine Alp durch Steinrutsch zerstört wird, muss es einen „Grund" geben. Erstaunlicherweise wird er meistens irgendeiner Sünde, einem Verstoss auf sittlichem Gebiet, nie, oder nur ganz ausnahmsweise etwa ökonomischem Fehlverhalten zugeschrieben. Das gleiche gilt auch für den Wald. Immer wieder wird registriert, dass es an dieser und jener Stelle früher einen schönen Wald gehabt habe, dass er aber seither leider verschwunden sei. „In den Fritteren ob Unterschächen sei vor Zeiten ein grosser, dichter Wald gewesen. Der Geissbub, der in Hängen ob Wald die Geissen hütete, habe gesagt, äs syg scho z'geissärä, wenn d'Geiss nur nid i Fryttäräwald loiffet"[212], heisst es in den Urner Sagen. Ein herrlicher Tannenwald dehnte sich auch „vom wilden Sulzbach zu Spiringen bis zum waldreichen Brunnital in Unterschächen aus. Zur Zeit, als sich Unterschächen von Spiringen (1687) trennte, stritt man sich leidenschaftlich um die Teilung dieses Waldes. Da fiel der morsche Rüttinossen herunter und begrub einen grossen Teil desselben unter seinen gewaltigen Trümmern"[213].

Für den Bergsturz und für die Vernichtung und Dezimierung dieses Waldgebietes wird hier ein Streit verantwortlich gemacht. In einer anderen Sage ist es ein böser, schurkischer Herr, welcher einer Urner Witwe den Wald stiehlt: „In einem stolzen Schlosse droben auf dem Berg wohnte ein adeliger Herr. Er besass bedeutende Reichtümer, auch viele Äcker und Wiesen, nur keinen Forst, so gross und schön wie derjenige der Witwe, darin er hätte lustwandeln oder dem edlen Weidwerk obliegen können. Das verdross ihn nun sehr, dass der prächtige Forst unter seinen Augen nicht ihm gehörte, sondern einer Bauernfrau.

Er ging zu ihr und bot ihr ein ganzes Häuflein Gulden an, wenn sie ihm den Wald abtrete, doch die Witwe wollte von ihrem besten Besitztum durchaus nicht lassen. Da lief der erboste Junker zu einem Schreiber. Der musste ihm eine falsche Urkunde aufsetzen. Darin war schwarz auf weiss bewiesen, dass jener Wald schon so und so lange dem Schlossherrn gehört und dass dieser bisher bloss aus Gutherzigkeit gegenüber der Nachbarin von seinem Recht keinen Gebrauch gemacht habe. Die Sache kam vor die Richter, aber sie liessen sich bestechen und sprachen den Forst dem Junker zu.

Da die bedrängte Witwe bei dem irdischen Richter keinen Schutz gefunden, rief sie den himmlischen als Zeugen an, und tat den Wunsch, eher möge der Allmächtige den Wald, der ihr so lieb sei, in Grund und Boden hinein vernichten, als dass er ihn dem reichen Betrüger in die Hand fallen lasse. Und ihre Bitte wurde erhört. Während der Nacht, als die Beraubte kummervoll wachte, fing es drunten in ihrem Eichenwald an zu rauschen. Der Sturm toste durch die Kronen, dass die gewaltigen Stämme hin- und hergerissen wurden wie Federn. Wasser sprudelte überall aus dem Grund empor. Der Boden begann zu rutschen und riss die Bäume um. Wie die Frau, erschrocken über das Brausen und Krachen, im Morgengrauen aus dem Fenster schaute, da war ihr herrlicher Wald im Wasser verschwunden, bis an ein paar Wipfel, die aber nach kurzem auch versanken.

So ist der Bichelsee entstanden.

Am gleichen Morgen verliess der schurkische Edelmann sein Schloss, die Witwe sah ihn den Berg herunterstürzen, und niemand hat sie je wieder erblickt. Der Böse habe den Junker geholt, und zwar lotweise, so sagt das Volk"[214].

Die Sagenerzähler wissen auch, dass die Waldgrenze früher höher gelegen war. Im Gegensatz zu heute — so meint eine Sarganser Sage aus Wangs — konnten die Leute das Holz, das sie in der Alphütte brauchten, von oben heruntenehmen und mussten es nicht von unten herauftragen. Der Grund wird kurz — und diesmal richtig — gedeutet: „Isch dinn aber gchöüleret wordä"[215].

Die Sagenerzähler registrieren, dass das Getreide früher auch in höheren Regionen angebaut werden konnte. In der gleichen Sarganser Sage wird erzählt, dass man 1927 im „oberen Gimsli" weit oberhalb der heutigen Waldgrenze Tannen fand. Und richtig wird daraus gefolgert, dass die Waldgrenze früher weiter hinauf reichte[216]. Hingegen wird in allen diesen Sagen — denken wir nur an das weitverbreitete Blümlisalp- oder Vrenelisgärtli-Motiv — nie vom Raubbau, nie von der Waldzerstörung gesprochen. Die Ursache wird immer in moralischen Verfehlungen gesehen. Die Menschen haben gesündigt, Gott hat sie bestraft. Es ist das uralte Sodom- und Gomorrha-Motiv, das in unseren Sagen immer wieder aufs neue erscheint und in vielfachen Varianten abgewandelt wird[217].

In den Sagen gibt es nur wenige Hinweise dafür, dass das Volk die wichtige Schutzfunktion des Waldes gekannt und gewürdigt hätte. Steinschläge, Lawinen werden gern dem Teufel zugeschrieben, besonders wenn sie, wie das in einer Bündnersage geschildert wird, den Bannwald zerstörten[218]. Vergeblich suchen wir nach Aussagen und Geschehnissen, die auf eine bewährte und gezielte Pflege des Waldes schliessen liessen. Die Bauern standen dem Wald — so erstaunlich das klingen mag — noch bis ins 19. Jahrhundert eher feindlich gegenüber. Es galt dem Wald Raum und Boden abzugewinnen und Weiden und Wiesen zu bekommen. Ausserdem herrschte die Meinung vor, dass es genug Wald gebe und die Bäume sowieso von selber wieder wachsen. Noch um 1900 meinte ein alter Prättigauer Bergbauer, früher habe man noch Tannen gehauen und geschwempt, um Weide zu erhalten; jetzt müsse man — aus dieser Aussage ist ein gewisses Erstaunen herauszulesen — sogar Tannen setzen. Holz zu haben war dem Bauern selbstverständlich. Er nutzte es, brauchte es, wurde aber deshalb nicht reich. Wer es nicht hatte, war dagegen nicht zu beneiden. Denn kaufen konnten es nur habliche Leute. Daher denn auch der Spruch: ,,Vil Holz isch e chlyne Rychtum, kei Holz e grossi Armuet"[219]. Und deshalb auch die Sage vom armen Walliser Bauern, dem eine gütige Hexe das Holz für den Neubau der Scheune für eine Handvoll Körner ins Haus brachte.

Die Holzsuche, Holzlese, die Waldarbeit und der Holztransport gehörten zu den wichtigen Arbeiten des bäuerlichen, ja allgemeinen Lebens überhaupt. Dieser Arbeit sind denn auch zahlreiche Sagen gewidmet. Sie ist schwer und voller Gefahren. Der Tod ist jederzeit bereit; wehe dem, der auf sein Kommen und Künden nicht achtet: ,,Die Stunde ist da, aber der Mann nicht." Andere Sagen zeigen, wie die Waldarbeit begonnen werden muss. Es wird gebetet, oder aber es wird geraucht. Die Werkzeuge werden überprüft: ,,Die Holzfäller setzten sich zuerst auf einen Baum und rauchten eine Pfeife. Nachdem sie fertig waren, feilten sie zuerst die Säge, und erst dann begannen sie zu sägen"[220]. In dieser Sage ist von Werkzeugen die Rede. Die beiden Holzfäller, die auftreten, brauchten die

Säge. Das ist durchaus nicht selbstverständlich, denn in den anderen Sagen ist lediglich und ausschliesslich von der Axt die Rede. Wann hat die Säge die Axt verdrängt? Wer hat die Säge eingeführt? Die Sagenerzähler wussten es nicht recht. Da war offenbar eine höhere Macht im Spiel. Hans Schlegel aus St. Martin erklärte das recht anschaulich: „Früher isch mä nu mit dr Äx in ds Holz. Mä hät früener nüt anders gwüsst, bis nis dua amoul zwai Zwergamanndli zaiget hind, wiä mä mitere Schroutsaaga umgout." Es wird dann genau erzählt, wie die Zwergmännlein den richtigen Gebrauch der Säge nicht nur erklärten, sondern auch vordemonstrierten. Die Moral der Geschichte lautete nicht nur: „So lernten die Vättnerberger Bäume fällen!", sondern auch: „Da kann man von den Kleinen immer etwas lernen!"[221]

Dass die Bauern bereit waren, zu lernen, geht auch aus der Sage von den „Kastanien" am Vierwaldstättersee hervor. Da wird erzählt, dass ein Bauer die Edelkastanien, die er von einem Italiener erhielt, für eine systematische Pflanzung verwendete. Diese Geschichte gehört zu den eher seltenen Belegen und Zeugnissen für eine „aktive" oder schöpferische Waldgesinnung, für den Waldbau im eigentlichen Sinn des Wortes. Es hängt dies mit der wirtschaftlichen Weltanschauung nicht allein der Bauern, sondern vor allem auch der Sagenerzähler zusammen. Ihr Denken galt der Tradition, der Überlieferung. Neuerungen im Waldbau und in der Forstwirtschaft herbeizuführen, war nicht ihre Sache. Das blieb den forstlichen Pionieren, die vorzugsweise aus dem Lager der aufgeklärten Naturwissenschafter kamen, vorbehalten.

Mit dieser Feststellung wird die einmalige Leistung der Sagenschöpfer nicht geschmälert. Ihre Aufgabe war eine andere: Mit einfachen Mitteln, aber mit bildhafter Kraft galt es die Zuhörer zum Nachdenken und zur Selbstbesinnung zu führen. Die Sagenerzähler waren davon überzeugt, dass unser Leben mehr ist als nur ein befristetes Geschäft; es ist ein Dasein, das in einer höheren Ordnung eingebettet bleiben muss. In diesen allgemeinen Schöpferplan hat sich alle Tätigkeit, hat sich auch die Waldarbeit einzuordnen. Der Wald dient zwar der Nutzung, aber diese Nutzung ist beschränkt. Einzelinteressen haben zurückzutreten. Das Eigentum muss unter allen Umständen gewahrt werden. Die Strafen und Sanktionen haben mächtig und wirksam zu sein, denn die Menschen sind schwach, rückfällig und jeden Augenblick bereit, den Versuchungen zu erliegen. „Der Teufel ist ja auch auf jedem Tanz dabei"[222].

Der Versuchung unterliegen alle, ob gross oder klein, arm oder reich. Aber auch der Mächtige entgeht der Sanktion nicht.

Dafür zeugt jene Sage aus dem Entlebuch, mit der wir dieses Kapitel beschliessen wollen: „In Wolhusen war einst eine Zwingburg. Eines Tages ritt der Herr bei einem Bauernhause vorüber und sah daselbst einen prächtigen Baumstrunk liegen. Barsch befahl er dem Bauern, dass er bis längstens zur Mittagszeit des anderen Tages ihm das schöne Bauholz vor das Schloss hinauf gebracht haben müsse. Spricht's und sprengt davon. Dem Manne aber war es nicht nur leid um den schönen Stamm, es war ihm auch bange, wie er mit seinem schwachen Gespann das schwere Stück den steilen Schlossweg hinauf zu bringen vermöge. Da klagte er dem Nachbarn seine Not. ‚Lass es nur gut sein und betrübe dich nicht; ich will dir schon helfen, es soll nicht fehlen.' Richtig, um die bestimmte Stunde, als mein Bauer sich ans Werk machen will, da steht der Nachbar schon auf dem Platz, hat drei Pferde angespannt und ist zum Abfahren bereit. Aber welch stolze, mutige Rosse waren das, alle so schwarzglänzend! Im Nu waren sie droben vor dem Schlosse. Der Zwingherr erfreute sich und erstaunte ob dem muntern, sondergleichen Gespann – ‚Die sind mein!' herrschte er heraus. ‚Ja wohl sind sie dein. Siehe da! Das ist dein Vater, das dein Grossvater, und dein Ahnenvater! und wenn du so fortfährst im sündigen und ungerechten Tun, wirst du wie das Vieh – dann sind's zwei Paare!' Und die Tiere bezeugten das; jedes gefragt, nickte mit dem Kopfe. Der Schlossherr erblasste. Weiss nicht, ob er sich gebessert hat"[223].

In einer Schwarzwälder Version der gleichen Sage ist nicht nur die Warnung, sondern auch die Wirkung in die Erzählung hineingenommen: „Da bekam der Ritter eine gewaltige Angst, und er führte fortan ein gottgefälliges Leben." Wir halten uns lieber an die Entlebucher Sage: „Weiss nicht, ob er sich gebessert hat." Das ist einleuchtender, wahrscheinlicher als die Wandlung zum gottgefälligen Leben. Es zeigt, dass wir nie am Ende sind, uns immer nur mit Vorsätzen wappnen, aber sie nie einhalten können. Das gilt auch für unser Verhältnis zum Wald, das wir anhand der Sagen untersuchten und darstellten. Die Einsicht, dass der Wald geschont, gepflegt, erhalten werden soll, ist wohl da, aber trotzdem wird weiter gefrevelt. Wir tun es nicht im altherkömmlichen Sinn, nicht so, dass wir in grossem Ausmass wie einst Holz frevelten, sondern indem wir, weit schlimmer als dies, die Natur bis zum völligen Verlust vergewaltigen. Wir beachten weder die Stille des Waldes noch den Tag des Herrn. Deshalb und im Blick auf unsere Vorfahren und den heutigen Menschen: „Weiss nicht, ob er sich gebessert hat."

Anhang

Anmerkungen

1 Isler, G.: Die Sennenpuppe. Eine Untersuchung über die religiöse Funktion einiger Alpensagen. Basel 1971, S. 34
2 Senti, A.: Sagen aus dem Sarganserland. Basel 1974, S. 452
3 Büchli, A.: Mythologische Landeskunde von Graubünden, Band I. Aarau 1958, S. VIII
4 Schmitter, W.: Waldarbeit und Waldarbeiter im Prättigau. Zürcher Diss. 1953
5 Senti, A.: Sagen aus dem Sarganserland, a. a. O., S. 452
6 Büchli, A.: Mythol. Landesk., Band I, a. a. O., S. XI
7 Senti, A.: Sagen aus dem Sarganserland, a. a. O., S. 458
8 Senti, A.: Sagen aus dem Sarganserland, a. a. O., S. 456
9 Senti, A.: a. a. O., S. 457
10 Vgl. dazu Röhrich, L.: Sage und Märchen — Erzählforschung heute. Freiburg i. Br. 1976, S. 50
11 Niderberger, F.: Sagen und Gebräuche aus Unterwalden. Nachdruck Zürich 1978, mit einem Vorwort von Max Lüthi
12 Büchli, A.: Mythol. Landesk., Band I, a. a. O., S. VII ff.
13 Zitiert bei Röhrich, L.: Sage und Märchen, a. a. O., S. 63
14 Müller, J.: Sagen aus Uri, Band I und II, herausgegeben von H. Bächtold-Stäubli, Band III durch Robert Wildhaber. Basel 1926 bis 1945. Neudruck 1969
15 Vgl. dazu auch Renner, E.: Goldener Ring über Uri. 2. Aufl., Zürich 1941
16 Glättli, K. W.: Zürcher Sagen. Mitteilungen der Antiquarischen Gesellschaft in Zürich, (41), Zürich 1959
17 Glarner Sagen, herausgegeben von K. Freuler und H. Thürer. Glarus 1953

18 Pfluger, E.: Solothurner Sagen. 3. Auflage, Solothurn 1975
19 Baselbieter Sagen. Herausgegeben von P. Suter und E. Strübin. Liestal 1976
20 Guntern, J.: Volkserzählungen aus dem Oberwallis. Basel 1978
21 Zinsli, P.: Walser Volkstum. Frauenfeld 1968
22 Gerstner-Hirzel, E.: Aus der Volksüberlieferung von Bosco Gurin. Basel 1979, S. 13
23 Bausinger, H.: Formen der „Volkspoesie". Berlin 1968, S. 172
24 Bausinger, H.: Formen der „Volkspoesie", a. a. O., S. 177
25 Lüthi, M.: Volksliteratur und Hochliteratur. Bern und München 1970, S. 36
26 Isler, G.: Die Sennenpuppe. Basel 1971, S. 1
27 Lüthi, M.: a. a. O., S. 38
28 Jung, C. G.: Von den Wurzeln des Bewusstseins. Zürich 1954, S. 95
Vgl. dazu auch Jaffé, A.: Der Mythos vom Sinn im Werk von C. G. Jung. Zürich und Stuttgart 1967, S. 17 ff.
29 Isler, G.: Die Sennenpuppe, a. a. O., S. 34
30 Lütolf, A.: Sagen, Bräuche und Legenden aus den fünf Orten. Luzern 1865, S. 370
31 Guntern, J.: Walliser Sagen. 4. Aufl., Olten 1974, S. 191
32 Guntern, J.: a. a. O., S. 159
33 Sooder, M.: Habkern. Basel 1964, S. 90
34 Müller, J.: Sagen aus Uri, Band I, a. a. O., S. 80
35 Müller, J.: a. a. O., S. 76
36 Müller, J.: a. a. O., S. 71
37 Vgl. dazu Lüthi, A.: Alpwüstungen im Gebiet von Zermatt, in: Geographica Helvetica, Nr. 2, 26. Jg., S. 58 und Lüthi, A.: Klimaschwankungen und Begehung der Walliser Hochalpen, in: Vorzeit, 1970, Heft 1/4, S. 3 ff. Gschwend, M. u. a.: Bergeten ob Braunwald, ein archäologischer Beitrag zur Geschichte des alpinen Hirtentums. Basel 1973

38 Guntern, J.: Volkserzählungen, a. a. O., S. 35
39 Müller, J.: Sagen aus Uri, Band I, a. a. O., S. 43
40 Senti, A.: Sagen aus dem Sarganserland, a. a. O., S. 67 (Man vergleiche dazu auch die Sage vom Roggen auf dem Gemsboden, S. 245)
41 Guntern, J.: Volkserzählungen, a. a. O., S. 44
42 Guntern, J.: a. a. O., S. 45
43 Glättli, K. W.: Zürcher Sagen. Zürich 1959, S. 202
44 Glättli, K. W.: a. a. O., S. 93
45 Guntern, J.: Volkserzählungen, a. a. O., S. 75
46 Baselbieter Sagen, a. a. O., S. 14
47 Guntern, J.: Volkserzählungen, a. a. O., S. 181
48 Baselbieter Sagen, a. a. O., S. 144
49 a. a. O., S. 153
50 a. a. O., S. 140
51 Haller, A.: Chronik der Gemeinde Turgi. Aarau 1934, S. 26
52 Mündliche Mitteilung von Frau Claire Häfliger-Meyer, Brugg, einer gebürtigen Gebenstorferin, an E. Wullschleger, zitiert in:
Wullschleger, E.: Die Entwicklung und Gliederung der Eigentums- und Nutzungsrechte am Wald. Ein Beitrag zur aargauischen Forstgeschichte, Ber. Nr. 183 der EAfV, März 78, S. 183, S. 234, Anm. 209c
53 a. a. O., S. 181 ff.
54 Wullschleger, E.: Die Entwicklung und Gliederung, a. a. O., S. 181
55 Baselbieter Sagen, a. a. O., S. 609
56 Büchli, A.: Mythol. Landeskunde, Band II, a. a. O., S. 603
57 Büchli, A.: a. a. O., S. 699
58 Rochholz, E. L.: Naturmythen. Leipzig 1862, S. 100
59 Fehr, H.: Das Recht in den Sagen der Schweiz. Frauenfeld 1955, S. 22
60 Gerstner-Hirzel, E.: Aus der Volksüberlieferung von Bosco Gurin. Basel 1979, S. 61
61 Kuoni, J.: Sagen des Kantons St. Gallen. St. Gallen 1903, S. 16

Vgl. auch Büchli, A.: Schweizersagen, Band I, Aarau 1940, S. 250
62 Guntern, J.: Volkserzählungen aus dem Oberwallis, a. a. O., S. 372
63 Baselbieter Sagen, a. a. O., S. 49
64 Lütolf, A.: Sagen, Bräuche, a. a. O., S. 138
65 Senti, A.: Sagen aus dem Sarganserland, a. a. O., S. 235
66 Lüthi, M.: Volksliteratur und Hochliteratur, a. a. O., S. 38
67 Niderberger, F.: Sagen und Gebräuche aus Unterwalden. Neudruck Zürich 1978, S. 173
68 Niderberger, F.: Sagen und Gebräuche aus Unterwalden. Neudruck Zürich 1978, S. 231
69 Müller, J.: Sagen aus Uri, Band II, a. a. O., S. 163
70 Büchli, A.: Mythol. Landesk., Band II, a. a. O., S. 139
71 Büchli, A.: Mythol. Landeskunde, Band II, a. a. O., S. 754
72 Baselbieter Sagen, a. a. O., S. 293
73 Baselbieter Sagen, a. a. O., S. 324
74 Baselbieter Sagen, a. a. O., S. 346
75 Büchli, A.: Myth. Landesk., Band II, a. a. O., S. 868
76 Büchli, A.: Mythol. Landeskunde, Band I, S. 220
77 Kuoni, J.: Sagen des Kantons St. Gallen, a. a. O., S. 102
78 Bielander, J.: Sägen und Sägewerke. Schweizer Volkskunde 44, 1954, S. 27
79 Maissen, A.: Werkzeuge und Arbeitsmethoden des Holzhandwerkes in Romanisch-Bünden. Erlenbach-Zürich, 1943, S. 91
80 Eidg. Abschiede, Band VIII, S. 634 (freundlicher Hinweis von A. Schuler)
81 Feldhaus, F. M.: Die Säge. Berlin 1921, S. 63
82 Büchli, A.: Mythol. Landeskunde, Band II, a. a. O., S. 522
83 Müller, J.: Sagen aus Uri, Band II, a. a. O., S. 101
84 Müller, J.: a. a. O., S. 100
85 Baselbieter Sagen, a. a. O., S. 363
86 Baselbieter Sagen, a. a. O., S. 170
87 Senti, A.: Sagen aus dem Sarganserland, a. a. O., S. 149
88 Guntern, J.: Volkserzählungen, a. a. O., S. 347

89 Büchli, A.: Mythol. Landeskunde, Band II, a. a. O., S. 75
90 Niderberger, F.: Sagen und Gebräuche aus Unterwalden. Neudruck Zürich 1978, S. 232
91 Wildhaber, R.: „Die Stunde ist da, aber der Mann nicht." Ein europäisches Sagenmotiv. In: Rheinisches Jahrbuch für Volkskunde, 9. Jg., 1958, S. 65
92 Lüthi, M.: Volksliteratur und Hochliteratur, a. a. O., S. 46
93 Sooder, M.: Zelleni us em Haslital, a. a. O., S. 151
94 Fehr, H.: Das Recht in den Sagen, a. a. O., S. 108
95 Büchli, A.: Mythol. Landeskunde, Band II, a. a. O., S. 347
96 Büchli, A.: a. a. O., S. 678
97 Guntern, J.: Volkserzählungen aus dem Oberwallis, a. a. O., S. 370
98 Guntern, J.: Volkserzählungen aus dem Oberwallis, a. a. O., S. 376
99 Guntern, J.: a. a. O., S. 377
100 Büchli, A.: Mythol. Landeskunde, Band II, a. a. O., S. 347
101 Müller, J.: Sagen aus Uri, Band I, a. a. O., S. 42
102 Baselbieter Sagen, a. a. O., S. 294
103 Baselbieter Sagen, a. a. O., S. 78
104 Renner, E.: Goldener Ring über Uri, Zürich 1941, S. 243
105 Altschweizerische Sprüche und Schwänke. Aus einer Handschrift des Schweizerischen Idiotikons. Herausgegeben von den Mitgliedern der Redaktion. Frauenfeld 1941, S. 17
Über den Verfasser dieser Schwänke und Sagen vgl. Corrodi-Sulzer, A.: Diakon Hans Ulrich Brennwald, 1620 bis 1692, ein Zürcher Schriftsteller des 17. Jahrhunderts. Zürcher Taschenbuch 1944, S. 36—47
106 Renner, E.: Goldener Ring über Uri, a. a. O., S. 245
107 Jegerlehner, J.: Sagen aus dem Unterwallis, Basel 1909, S. 185
108 Gerstner-Hirzel, E.: Aus der Volksüberlieferung, a. a. O., S. 104

109 Gerstner-Hirzel, E.: Aus der Volksüberlieferung, a. a. O., S. 103
110 Lütolf, A.: Sagen, Bräuche und Legenden, a. a. O., S. 54
111 Guntern, J.: Walliser Sagen, a. a. O., S. 195
112 Kuoni, J.: Sagen des Kantons St. Gallen, a. a., S. 73
113 Guntern, J.: Volkserzählungen aus dem Wallis, a. a. O., S. 254
114 Büchli, A.: Mythol. Landeskunde, Band II, a. a. O., S. 362
115 Büchli, A.: a. a. O., S. 385
116 Büchli, A.: Schweizer Sagen, 2. Band, Leipzig und Aarau 1928, S. 49
117 Büchli, A.: Mythol. Landeskunde, Band II, a, a, O., S. 211
118 Vgl. zum Thema „Der Wald als mythische Landschaft" vor allem:
Peuckert, W. E.: Geburt und Antwort der mythischen Welt. Europäische Sagen. Einführungsband. Berlin 1965, S. 50 ff.
119 Büchli, A.: Mythol. Landeskunde, Band II, a. a. O., S. 7/8
120 Senti, A.: Sagen aus dem Sarganserland, a. a. O., S. 234
121 Müller, J.: Sagen aus Uri, Band III, a. a. O., S. 126
122 Müller, J.: a. a. O., S. 126
123 Müller, J.: Sagen aus Uri, Band I, a. a. O., S. 110
124 Müller, J.: a. a. O., Band I, S. 113
125 Müller, J.: Sagen aus Uri, Band III, a. a. O., S. 78
126 Müller, J.: Sagen aus Uri, Band III, a. a. O., S. 79
127 Sooder, M.: Sagen aus Rohrbach, Huttwil 1929, S. 89
128 Büchli, A.: Schweizer Sagen, Band II, a. a. O., S. 63
129 Beuret, J.: Les plus belles Légendes du Jura. Lausanne 1927, S. 58.
130 In unserer Arbeit erscheint die Fassung aus den Schweizer Sagen von Büchli, A.: Schweiz. Sagen, Band I, a. a. O., S. 177

131 Senti, A.: Sagen aus dem Sarganserland, a. a. O., S. 462
132 Guntern, J.: Volkserzählungen aus dem Oberwallis, a. a. O., S. 697
133 Senti, A.: Sagen aus dem Sarganserland, a. a. O., S. 106
134 Büchli, A.: Mythol. Landeskunde, Band II, a. a. O., S. 471
135 Büchli, A.: Mythol. Landeskunde, Band II, a. a. O., S. 581 und 582
136 Müller, J.: Sagen aus Uri, Band I, a. a. O., S. 179
137 Büchli, A.: Mythol. Landeskunde, Band I, S. 97
138 Senti, A.: Sagen aus dem Sarganserland, a. a. O., S. 84
139 Lütolf, A.: Sagen, Bräuche und Legenden, a. a. O., S. 135
140 Lütolf, A.: a. a. O., S. 174
141 Senti, A.: Sagen aus dem Sarganserland, a. a. O., S. 466
142 Büchli, A.: Mythol. Landeskunde, Band II, a. a. O., S. 794, 795
143 Büchli, A.: a. a. O., S. 795
144 Büchli, A.: Mythol. Landeskunde, Band II, a. a. O., S. 588
145 Sooder, M.: Zelleni us em Haslital, a. a. O., S. 44
146 Sooder, M.: a. a. O., S. 45
147 Büchli, A.: Mythol. Landeskunde, Band II, a. a. O., S. 309
148 Baselbieter Sagen, a. a. O., S. 147
149 Senti, A.: Sagen aus dem Sarganserland, a. a. O., S. 157
150 Zitiert bei Lüthi, M.: Volksliteratur und Hochliteratur, a. a. O., S. 36
151 Cysat, R.: Collectanea Chronica. Herausgegeben von J. Schmid. Band I, Luzern 1969, S. 568 ff.
Zitiert von Lüthi, M.: Volksliteratur und Hochliteratur, Bern 1970, S. 32 und 33

152 Cysat, R.: Collectanea Chronica, Band I, S. 568
153 Lüthi, M.: Volksliteratur und Hochliteratur, a. a. O., S. 33
154 Müller, J.: Sagen aus Uri, Band III, S. 173
155 Büchli, A.: Mythol. Landeskunde, Band II, a. a. O., S. 673
156 Büchli, A.: Mythol. Landeskunde, Band II, a. a. O., S. 673 und 674
157 Baselbieter Sagen, a. a. O., S. 342 und 343
158 Müller, J.: Sagen aus Uri, Band II, a. a. O., S. 91
159 Gerstner-Hirzel, E.: Volksüberlieferung, a. a. O., S. 29
160 Senti, A.: Sagen aus dem Sarganserland, a. a. O., S. 220
161 Senti, A.: a. a. O., S. 220
162 Müller, J.: Sagen aus Uri, Band I, a. a. O., S. 146
163 Müller, J.: a. a. O., S. 149
164 Guntern, J.: Volkserzählungen aus dem Oberwallis, a. a. O., S. 675
165 Senti, A.: Sagen aus dem Sarganserland, a. a. O., S. 34
166 Manz, W.: Volksglaube und Sage aus dem Sarganserland. In: Schweiz. Archiv für Volkskunde, 25, Basel 1925, S. 288
167 Senti, A.: Sagen aus dem Sarganserland, a. a. O., S. 187
168 Kuoni, J.: Sagen des Kantons St. Gallen, a. a. O., S. 118
169 Müller, J.: Sagen aus Uri, Band II, a. a. O., S. 160
170 Müller, J.: Sagen aus Uri, Band II, S. 159/160
171 Müller, J.: a. a. O., S. 160
172 Müller, J.: Sagen aus Uri, Band II, a. a. O., S. 160
173 Handwörterbuch des deutschen Aberglaubens, Band III, Leipzig 1930/31, S. 630 ff. Vgl. dazu auch die Ausf. in Bd. IX, S. 339 und 350
174 Guntern, J.: Volkserzählungen aus dem Oberwallis, a. a. O., S. 209
175 Röhrich, L.: Sage und Märchen — Erzählforschung heute, a. a. O., S. 150

176 Röhrich, L.: a. a. O., S. 150, der hier Müller, J.: Sagen aus Uri, Band III, Nr. 1336 c, S. 205, zitiert
177 Röhrich, L.: Sage und Märchen — Erzählforschung heute, a. a. O., S. 149
178 Röhrich, L.: a. a. O., S. 149 zitiert Müller, J.: Sagen aus Uri, Band III, a. a. O., Nr. 1337, S. 206, ebenso Nr. 1335, S. 204
179 Röhrich, L.: Sage und Märchen, a. a. O., S. 149/50 zitiert Kohlrusch, C.: Schweizerisches Sagenbuch, Leipzig 1854, S. 17 f.
180 Röhrich, L.: Sage und Märchen — Erzählforschung heute, a. a. O., S. 150 zitiert Kohlrusch, C.: a. a. O., S. 48
181 Müller, J.: Sagen aus Uri, Band II, a. a. O., S. 213
182 Büchli, A.: Mythol. Landeskunde, Band I, a. a. O., S. 218
183 Büchli, A.: a. a. O., S. 215
184 Büchli, A.: a. a. O., S. 528
185 Büchli, A.: Mythol. Landesk., Band II, S. 452
186 Büchli, A.: a. a. O., S. 452
187 Büchli, A.: a. a. O., S. 839/840
188 Caminada, Chr.: Die verzauberten Täler. Kulte und Bräuche im alten Rätien. Olten und Freiburg 1961, S. 166
189 Zitiert nach Caminada, Chr.: a. a. O., S. 167
190 Caminada, Chr.: a. a. O., S. 167
191 Handwörterbuch des deutschen Aberglaubens, Band I, a. a. O., S. 956
192 Lütolf, A.: Sagen, Bräuche und Legenden, a. a. O., S. 365
193 Hauser, A.: Wald und Feld in der alten Schweiz, Zürich und München 1972, S. 79
194 Kriss-Rettenbeck, L.: Ex voto. Zeichen, Bild und Abbild im christlichen Votivbrauchtum. Zürich 1972, S. 107
195 Kriss-Rettenbeck, L.: Bilder und Zeichen, München 1971, S. 91

196 Kriss-Rettenbeck, L.: a. a. O., S. 92
197 Lütolf, A.: Sagen, Bräuche und Legenden, a. a. O., S. 361, 362, 364
198 Müller, J.: Sagen aus Uri, Band II, a. a. O., S. 32
199 Jegerlehner, J.: Sagen aus dem Unterwallis. Basel 1909, S. 65/66
200 Büchli, A.: Mythol. Landeskunde, Band II, a. a. O., S. 115
201 Vgl. dazu auch Peuckert, W. E.: Sagen, Geburt und Antwort der mythischen Welt. Berlin 1965, S. 135
202 Büchli, A.: Mythol. Landeskunde, Band I, a. a. O., S. XVII
203 Weiss, R.: Volkskunde der Schweiz. Erlenbach-Zürich, 1946. S. 16 und 328
204 Weiss, R.: a. a. O., S. 328
205 Büchli, A.: Mythol. Landeskunde, Band II, a. a. O., S. 71
206 Büchli, A.: Mythol. Landeskunde, Band II, a. a. O., S. 199
207 Büchli, A.: a. a. O., S. 226
208 Renner, E.: Goldener Ring über Uri, a. a. O., S. 55 ff.
209 Lüthi, M.: Volksliteratur und Hochliteratur, a. a. O., S. 39
210 Lüthi, M.: a. a. O., S. 39
211 Peuckert, W. E.: Sagen, Geburt und Antwort. a. a. O., S. 66
212 Müller, J.: Sagen aus Uri, Band I, a. a. O., S. 49
213 Müller, J.: a. a. O., S. 50
214 Büchli, A.: Schweizer Sagen, Band I, a. a. O., S. 109
215 Senti, A.: Sagen aus dem Sarganserland, a. a. O., S. 67
216 Senti, A.: a. a. O., S. 245
217 Glarner Sagen. Hg. von K. Freuler und H. Thürer, Glarus 1953, S. 197
218 Büchli, A.: Mythol. Landeskunde, Band II, a. a. O., S. 708

219 Hauser, A.: Bauernregeln. Zürich und München 1973, S. 156
220 Büchli, A.: Mythol. Landeskunde, Band I, a. a. O., S. 220
221 Sagen aus dem Sarganserland, a. a. O., S. 177
222 Büchli, A.: Mythol. Landeskunde, Band II, a. a. O., S. 530
223 Lütolf, A.: Sagen aus den fünf Regionen, a. a. O., S. 43

Literatur- und Quellenverzeichnis

Altschweizerische Sprüche und Schwänke. Aus einer Handschrift des schweizerischen Idiotikons. Herausgegeben von den Mitgliedern der Redaktion. Frauenfeld 1941.
Amtliche Sammlung der älteren Eidgenössischen Abschiede. Herausgegeben auf Anordnung der Bundesbehörden. Band 8, bearbeitet von G. Meyer von Knonau. Zürich 1856
Baselbieter Sagen. Herausgegeben von P. Suter und E. Strübin. Liestal 1976
Bausinger, H.: Formen der Volkspoesie. Berlin 1968
Beuret, J.: Les plus belles légendes du Jura. Lausanne 1927
Bielander, J.: Sägen und Sägewerke. In: Schweizer Volkskunde, 44, 1954
Büchli, A.: Schweizer Sagen. 3 Bände. Band I, zweite Auflage, Aarau 1940. Band II, Leipzig und Aarau 1928. Band III, Leipzig und Aarau 1931
Büchli, A.: Mythologische Landeskunde von Graubünden. 2 Bände. Aarau 1958 und 1966
Caminada, Chr.: Die verzauberten Täler. Olten und Freiburg 1961
Cérésole, A.: Légendes des Alpes Vaudoises. Lausanne 1885
Corrodi-Sulzer, A.: Diakon Hans Ulrich Brennwald, 1620 bis 1692, ein Zürcher Schriftsteller des 17. Jahrhunderts. Zürcher Taschenbuch 1944, S. 36-47
Cysat, R.: Collectanea, Chronica und denkwürdige Sachen pro Chronica Lucernensi et Helvetiae. Herausgegeben von J. Schmid. Band I, Luzern 1969
Fehr, H.: Das Recht in den Sagen der Schweiz. Frauenfeld 1955

Feldhaus, F. M.: Die Säge. Berlin 1921
Gerstner-Hirzel, E.: Aus der Volksüberlieferung von Bosco Gurin. Basel 1979
Glarner Sagen. Hg. von K. Freuler und H. Thürer. Glarus 1953
Glättli, K. W.: Zürcher Sagen. Mitteilungen der Antiquarischen Gesellschaft in Zürich, (41), Zürich 1959
Gschwend, M. u. a.: Bergeten ob Braunwald, ein archäologischer Beitrag zur Geschichte des alpinen Hirtentums. Basel 1973
Guntern, J.: Volkserzählungen aus dem Oberwallis. Basel 1978
Guntern, J.: Walliser Sagen. Olten und Freiburg i. Br. 1963
Haller, A.: Chronik der Gemeinde Thurgi. Aarau 1934
Hauser, A.: Wald und Feld in der alten Schweiz. Zürich und München 1972
Hauser, A.: Bauernregeln. Zürich und München 1973
Höfler, O.: Verwandlungskulte, Volkssagen und Mythen. Wien 1973
Isler, G.: Die Sennenpuppe. Basel 1971
Jaffé, A.: Der Mythos vom Sinn im Werk von C. G. Jung. Zürich und Stuttgart 1967
Jegerlehner, J.: Sagen und Märchen aus dem Oberwallis. Basel 1913
Jegerlehner, J.: Sagen aus dem Unterwallis. Basel 1909
Jung, C. G.: Von den Wurzeln des Bewusstseins. Zürich 1954
Kriss-Rettenbeck, L.: Ex voto. Zeichen, Bild und Abbild im christlichen Votivbrauchtum. Zürich 1972
Kuoni, J.: Sagen des Kantons St. Gallen. St. Gallen 1903
Lüthi, A.: Alpwüstungen im Gebiet von Zermatt. In: Geographica Helvetica, Nr. 2, 26. Jg., 1971
Lüthi, A.: Klimaschwankungen und Begehung der Walliser Hochalpen. In: Vorzeit, 1970, Heft 1/4
Lüthi, M.: Volksliteratur und Hochliteratur. Bern und München 1970
Lütolf, A.: Sagen, Bräuche und Legenden aus den fünf Orten. Luzern 1865

Maissen, A.: Werkzeuge und Arbeitsmethoden des Holzhandwerkes in Romanisch-Bünden. Erlenbach-Zürich 1943

Manz, W.: Volksglaube und Sage aus dem Sarganserland. In: Schweiz. Archiv für Volkskunde, 25, Basel 1925

Müller, J.: Sagen aus Uri. Band I und II herausgegeben von H. Bächtold-Stäubli, Band III herausgegeben von Robert Wildhaber. Basel 1926 bis 1945. Neudruck 1969

Niderberger, F.: Sagen und Gebräuche aus Unterwalden. Neudruck Zürich 1978

Peuckert, W. E.: Sagen. Geburt und Antwort der mythischen Welt. Einführungsband. Berlin 1965

Pfluger, E.: Solothurner Sagen. Solothurn 1972

Renner, E.: Goldener Ring über Uri. Zürich 1941

Rochholz, E. L.: Naturmythen. Leipzig 1862

Röhrich, L.: Sage und Märchen. Erzählforschung heute. Freiburg i. Br. 1976

Schmitter, W.: Waldarbeit und Waldarbeiter im Prätigau. Zürcher Diss. 1953

Senti, A.: Sagen aus dem Sarganserland. Basel 1974

Sooder, M.: Sagen aus Rohrbach. Huttwil 1929

Sooder, M.: Zelleni us em Haslital. Basel 1947

Sooder, M.: Habkern. Tal und Leute, Sagen, Überlieferungen und Brauchtum. Herausgegeben von Hans Käser, Basel 1964

Weiss, R.: Volkskunde der Schweiz. Erlenbach-Zürich 1946

Wildhaber, R.: „Die Stunde ist da, aber der Mann nicht". Ein europäisches Sagenmotiv. In: Rheinisches Jahrbuch für Volkskunde, 9. Jg., 1958

Wullschleger, E.: Die Entwicklung und Gliederung der Eigentums- und Nutzungsrechte am Wald. Ein Beitrag zur aargauischen Forstgeschichte. Bericht Nr. 183 der AEfV. März 1978

Zinsli, P.: Walser Volkstum. Frauenfeld 1968

Zoppi, G.: Légendes Tessinoises. Neuenburg o. D.

Begriffserklärungen

Ägäthabrot	Agatha-, d.h. geweihtes Brot
Buara, Burre	Holzblock
Chris	Zweige von immergrünen Nadelhölzern
Fischel	Landmass im alten Wallis (je nach Region 4 bis 9 Aren)
Gescheidsmann	dörflicher Beamter, der den Auftrag hat, Marchsteine zu setzen und zu überwachen
Gestellt	stellen, bannen, jemanden zwingen, wie gebannt stehen zu bleiben
Gotwärgi	Zwerg (Walliser Ausdruck)
hirten	füttern
Kienbaum	Kiefer
Lägel	Transportmass im Säumerverkehr (ca. 60 Liter umfassend)
Migglä	Bröckchen
schwempen, schwämmen	Wegschälen der Rinde zum Zwecke des Abtötens eines Baumes (vgl. dazu Schmitter, W.: Waldarbeit und Waldarbeiter im Prättigau, Schiers 1953, S. 21)
Suffi	Nahrung der Alpknechte, bestehend aus heisser Schotte mit Zieger gemischt (vgl. dazu etwa Weiss, R.: Das Alpwesen Graubündens, Erlenbach-Zürich 1971, S. 243)
Tschiepp	Tschoppe, Rock
Wäije	Wähe, Dünne oder Kuchen
Zappin	Werkzeug zum Rücken des Holzes (Zieh-Lasthebel, bestehend aus Stiel und Eisenhaken)

Bildnachweis

3 Baum mit Nachwuchs.
Holzschnitt aus S. Covarrubias (1610)
6 Vom Sturm entwurzelte Kiefer.
Holzschnitt aus S. Covarrubias (1610)
8 Eiche.
Holzschnitt aus A. Alcatius (1550)
15 Der Erzähler.
Holzschnitt aus A. Alcatius (1550)
20 Nussernte.
Holzschnitt aus N. Reusner (1581)
26 Tanne.
Holzschnitt aus A. Alcatius (1550)
32 Baumpflege.
Holzschnitt aus N. Taurellus (1552)
42 Wiedehopf beim Nest.
Holzschnitt aus N. Reusner (1581)
48 Bauer fällt alte Eiche.
Holzschnitt aus A. Alcatius (1550)
54 Holzfäller.
Holzschnitt aus M. Holtzwart (1581)
57 Totenschädel.
Holzschnitt aus B. Anulus (1552)
64 Knaben schlagen Früchte vom Baum.
Holzschnitt aus A. Alcatius (1550)
73 Efeu.
Holzschnitt aus G. La Pervière (1553)
77 Die alte Eiche.
Holzschnitt aus J. Sambucus (1564)
81 Der Sterndeuter.
Holzschnitt aus A. Alcatius (1550)

86 Der alte Baum.
   Holzschnitt aus S. Covarrubias (1610)
99 Der Hirsch.
   Holzschnitt aus M. Holtzwart (1581)
107 Der Kampf mit der Schlange.
   Holzschnitt aus N. Reusner (1581)
112 Wacholder.
   Holzschnitt aus H. Soto (1569)
116 Weide am Wasser.
   Holzschnitt aus A. Alcatius (1550)
118 Buchsbaum.
   Holzschnitt aus A. Alcatius (1550)
124 Eiche im Sturm.
   Holzschnitt aus A. Alcatius (1550)
127 Kuckuck im Nest.
   Holzschnitt aus N. Reusner (1581)
136 Weide.
   Holzschnitt aus B. Anulus (1552)
150 Silberpappel.
   Holzschnitt aus A. Alcatius (1550)
154 Zwei Vögel mit Baum.
   Holzschnitt aus A. Alcatius (1550)

Vergleiche die Illustrationen im Sammelwerk: Emblemata. Herausgegeben von A. Schöne. Stuttgart 1967.

Inhaltsverzeichnis

Vorwort 5

I. Teil:
Zur Bedeutung der Sage

Die Sage als Quelle 11
Die Sagenerzähler 13
Die Sagensammler 17
Die Sagenformen 22

II. Teil:
Die Spiegelungen des Waldes in der Sage

Werden und Vergehen des Waldes 29
Waldbesitz 34
Die Marchenrücker 39
Waldnutzung und Waldarbeit 44
Die Waldarbeit und ihre Technik 47
Die gefährliche Holzfällerei 51
Die Tanne ist bereit, aber der Mann nicht 56
Wald- und Holzfrevel 59
Die starken Männer im Walde 67
„Es geischtet"... 70
Waldfeen 75
Hexen im Wald 79
Lichter im Wald 85
Das Totenvolk im Wald 89
Zwerge im Wald 91

Drachen, Bären und Füchse 93
Jäger im Wald 101
Heilige und teuflische Waldpflanzen 109
Respekt vor der Waldesstille 114

III. Teil:
Das Waldbild der Sage

Die andere Brille 121
Die andere Welt 122
Nicht nur Unterhaltung, sondern Belehrung . . . 126
Die Waldgesinnung der Sagen 129

Anhang

Anmerkungen 139
Literatur- und Quellenverzeichnis 151
Begriffserklärungen 155
Bildnachweis 156